中职中专会计专业“营改增”系列教材

基础会计实训

罗绍明　主　编

李晓华　任　冰　蓝国爱　副主编

科学出版社

北　京

内 容 简 介

本书是《基础会计》（罗绍明主编，科学出版社）的配套实训教材，是为了方便教师开展教学，指导学生进行基础会计知识训练而编写的。本书共3部分：核算训练、技能训练和综合训练，旨在使学生掌握会计的基本理论、基本方法与基本技能。

本书内容新颖，反映营业税改征增值税的最新财税政策；强调基础训练，体现技能型人才的培养特色；结构体系简单清晰，适合学生的学习习惯。

本书既可作为中等职业学校会计及会计电算化专业的教学用书，又可作为经济管理类专业基础会计课程的教学用书，还可作为会计人员及对会计工作有兴趣人士的参考用书。

图书在版编目(CIP)数据

基础会计实训/罗绍明主编. —北京：科学出版社，2020.6
（中职中专会计专业“营改增”系列教材）
ISBN 978-7-03-065514-1

Ⅰ. ①基… Ⅱ. ①罗… Ⅲ. ①会计学-中等专业学校-教材 Ⅳ. ①F230

中国版本图书馆CIP数据核字（2020）第102275号

责任编辑：贾家琛 都 岚 / 责任校对：王 颖
责任印制：吕春珉 / 封面设计：东方人华平面设计部

科学出版社 出版
北京东黄城根北街16号
邮政编码：100717
http://www.sciencep.com

铭浩彩色印装有限公司 印刷
科学出版社发行 各地新华书店经销
*
2020年6月第 一 版 开本：787×1092 1/16
2020年6月第一次印刷 印张：7 3/4
字数：178 000

定价：23.00元

（如有印装质量问题，我社负责调换〈铭浩〉）
销售部电话 010-62136230 编辑部电话 010-62135397-2041

前　　言

本书是《基础会计》（罗绍明主编，科学出版社）的配套实训教材，是为了方便教师开展教学，指导学生进行基础会计知识训练而编写的，旨在使学生掌握会计的基本理论、基本方法与基本技能。

本书具有以下主要特点。

1）内容新颖，反映营业税改征增值税的最新财税政策。经国务院批准，自 2019 年 4 月 1 日起，制造业等行业增值税税率从 16%降至 13%，交通运输业、建筑业、基础电信服务业等行业及农产品等货物的增值税税率从 10%降至 9%，以及不动产进项税额采用一次性全额抵扣等。基于此，编者依据最新的营业税改征增值税财税政策，以及新修订实施的《企业会计准则》等文件进行编写，力争体现教材的新颖性与实用性。

2）强调基础训练，体现技能型人才的培养特色。本书依据《基础会计》的章节编写练习题，强化基础会计知识训练，培养学生理解与应用基础会计知识的能力，加深学生对基础会计知识的理解与掌握。

3）结构体系简单清晰，适合学生的学习习惯。本书采用结构化教材编写模式，全书共 3 部分，即核算训练、技能训练和综合训练，内容安排由浅入深、循序渐进，适合学生的学习习惯。

本书由汕头市鮀滨职业技术学校罗绍明任主编，惠州工程职业学院李晓华、江门市第一职业高级中学任冰、河源市职业技术学校蓝国爱任副主编，参与编写的人员有北京正浩中宏捷税务师事务所有限公司任昱时、东莞市电子科技学校邱爱华。具体编写分工如下：第 1 章和第 2 章由李晓华编写，第 3 章和第 4 章由任冰编写，第 5 章和第 6 章由蓝国爱编写，第 7 章由任昱时编写，第 8 章与技能训练部分由罗绍明编写，综合训练部分由邱爱华编写。全书由罗绍明统稿。

编者在编写本书的过程中，参阅了大量文献与资料，借鉴和吸收了国内外专家学者的最新科研成果，在此向有关资料的著作者致以诚挚的感谢。

由于编者水平有限，书中不足之处在所难免，恳请广大读者批评指正并提出宝贵意见与建议（联系邮箱：stluoming@163.com）。

编　者

2019 年 12 月

目　　录

核算训练

第 1 章　认知会计……3

第 2 章　认知和填制原始凭证……6

第 3 章　理解会计记账原理……13

第 4 章　认知和填制记账凭证……27

第 5 章　认知和登记会计账簿……41

第 6 章　认知和编制财务报表……50

第 7 章　认知会计核算程序与要求……55

第 8 章　整理与保管会计资料……61

技能训练

技能训练题……67

综合训练

综合训练一……101

综合训练二……108

主要参考文献……116

核算训练

第1章 认知会计

一、判断题

1．企业是以营利为目的，实行独立核算、自主经营、自负盈亏的经济实体，其基本目标是追求社会责任最大化。（　　）

2．法人是指具有一定的组织机构和独立财产，能以自己的名义进行民事活动，享有民事权利和承担民事义务，依照法定程序成立的组织。（　　）

3．总经理是股东（大）会（企业权力机关）的业务执行机关，负责企业生产经营活动的指挥与管理，对企业股东（大）会负责并报告工作。（　　）

4．企业生产过程既是产品的制造过程，又是物化劳动和活劳动的消耗过程，即费用、成本的发生过程。（　　）

5．人力资源，是企业生产经营活动的主体，是企业系统中最重要、最活跃的要素，是企业的第一资源。（　　）

6．会计是以货币为主要计量单位，运用专门的方法，核算、监督一个单位经济活动的一种行政管理工作。（　　）

7．会计的职能是指会计在经济管理过程中所具有的功能。（　　）

8．会计核算职能是指会计以货币为主要计量单位，对特定主体的经济活动进行确认、计量和报告。（　　）

9．会计监督职能是指对特定主体经济活动和相关会计核算的真实性、合法性和合理性进行审查。（　　）

10．企业是一种经济组织，它以经济活动为中心，实行全面的经济核算，追求并致力于不断提高经济效益。（　　）

11．以货币为统一计量标准是会计的主要特点。（　　）

12．会计主要从实物量方面核算企业的经济活动。（　　）

13．会计职业道德，是指在会计职业活动中应遵循的、体现会计职业特征的、调整会计职业关系的职业行为准则和规范。（　　）

14．坚持准则是指会计人员在处理业务过程中，要严格按照企业会计准则办事，不为主观或他人意志左右。（　　）

15．会计职业道德中的参与管理，是指要求会计人员积极参与会计管理。（　　）

二、单项选择题

1．企业是以（　　）为目的，从事生产、流通、服务等经济活动，为社会提供商品、劳务或服务的经济实体。

A．独立核算　　B．营利　　C．自主经营　　D．自负盈亏

2．独资企业是依法设立，由一个自然人投资，财产为投资人个人所有，投资人以其个

人财产对企业债务承担（　　）的经营实体。

A．无限连带责任　　B．有限连带责任

C．有限责任　　D．无限责任

3．从企业的运作流程来看，以下不属于企业生产经营过程的是（　　）。

A．管理过程　　B．供应过程　　C．生产过程　　D．销售过程

4．企业销售产品，实现其价值的过程，即商品所有权发生转移的过程，称为（　　）。

A．物流　　B．资金流　　C．商流　　D．信息流

5．下列关于会计产生的表述，正确的是（　　）。

A．会计最早可以追溯到奴隶社会

B．在原始社会就产生了独立的会计

C．原始社会有专门从事会计工作的人员

D．会计是随着社会生产力的不断发展逐渐从生产职能中分离出来的

6．会计的基本职能是（　　）。

A．管理和考核　　B．预测和决策　　C．核算和监督　　D．分析与评价

7．会计工作的特点决定了（　　）是会计职业道德的内在要求，是会计人员的准则。

A．客观公正　　B．廉洁自律　　C．坚持准则　　D．强化服务

8．会计对象是企事业单位的（　　）。

A．资金运动　　B．经济活动　　C．经济资源　　D．劳动成果

9．会计是以（　　）为主要计量单位，反映和监督一个单位的经济活动的一种经济管理工作。

A．实物　　B．货币　　C．工时　　D．劳动耗费

10．下列关于会计的基本特征的表述，正确的是（　　）。

A．会计以货币为计量单位，不能使用实物计量和劳动计量

B．会计拥有一系列的专门方法，包括会计核算、管理和决策分析等

C．会计具有核算和监督的基本职能

D．会计的本质是核算活动

11．近代会计产生的标志是（　　）。

A．司会的设立

B．英国工业革命的兴起

C．《证券法》和《证券交易法》的颁布

D．《算术、几何、比及比例概要》的问世

12．会计是以货币为主要计量单位，运用专门的方法，核算和监督一个单位经济活动的一种（　　）。

A．方法　　B．手段　　C．信息工具　　D．经济管理活动

三、多项选择题

1．企业不同于行政单位和事业单位，有其独有的特征，即（　　）。

A．经济性 B．营利性 C．商品性 D．公益性

2．目前，我国企业可以采取的组织形式有（ ）。

A．独资企业 B．合伙企业 C．合资企业 D．公司制企业

3．法人具有 3 个重要特征，即（ ）。

A．对企业债务承担无限连带责任 B．享有民事活动的权利

C．拥有法人财产经营权 D．承担民事义务

4．下列关于会计职能的表述，正确的有（ ）。

A．监督职能是核算职能的保证

B．核算职能是监督职能的基础

C．预测经济前景、参与经济决策和评价经营业绩是会计的拓展职能

D．核算与监督是会计的基本职能

5．会计使用的计量单位包括（ ）。

A．劳动单位 B．货币单位 C．时间单位 D．实物单位

6．下列属于会计核算的内容有（ ）。

A．款项和有价证券的收付 B．债权债务的发生和结算

C．资本、基金的增减 D．财物的收发、增减和使用

7．下列关于会计核算与会计监督的说法，正确的是（ ）。

A．会计核算是会计监督的基础

B．没有核算所提供的各种信息，会计监督就没有依据

C．会计监督是会计核算的质量保障

D．只有核算没有监督，难以保证核算所提供信息的真实性、可靠性

8．以下属于我国会计职业道德规范内容的是（ ）。

A．爱岗敬业 B．诚实守信 C．廉洁自律 D．客观公正

第2章 认知和填制原始凭证

一、判断题

1．凡阿拉伯数字前写有币种符号的，数字后面应再写货币单位。 （ ）

2．在签发支票时，¥4 200.50 的大写金额应写成“肆仟贰佰元伍角整”。 （ ）

3．企业每项交易或事项的发生都必须从外部取得原始凭证。 （ ）

4．原始凭证对于交易或事项的发生和完成具有证明效力，但是未来交易或事项的文件不可以作为记账的依据。 （ ）

5．真实的原始凭证都可以作为收付款和记账的依据。 （ ）

6．汇总凭证应在每次经济业务完成后，由相关人员在同一张凭证上重复填制完成。 （ ）

7．增值税发票属于外来、通用、一次原始凭证。 （ ）

8．企业购进材料验收入库时，由仓库保管人员填制的收料单是自制的一次凭证。 （ ）

9. 业务员在开具发票时不小心将发票金额多写了一个零，发现后便将写错的发票撕毁，并重新开具了一张准确无误的发票。 （ ）

10．会计王明收到本单位职工填制的差旅费报销单及相关发票，王明注意到其中一张发票没有填制单位名称，但仍然将其作为原始凭证并登记入账。 （ ）

11．企业接到一批订单，在完成这批订单的过程中，经济合同、收料单、成本计算单、出库单等都属于原始凭证。 （ ）

12．审核原始凭证记载的各项内容是否正确包括审核接受原始凭证单位的名称是否正确、金额的填写和计算是否正确、更正是否正确。 （ ）

二、单项选择题

1．在收据上书写金额正确的是（ ）。

A．¥　505.00　　B．¥9 617.00

C．人民币叁拾壹元捌角贰分整　　D．¥31.7—

2．下列各项中，符合原始凭证金额填写规定的有（ ）。

A．用繁体字书写中文大写金额数字

B．大写金额数字的“角”之后可以不写“整”或“正”字

C．阿拉伯数字前面应填写人民币符号

D．用阿拉伯数字填写票据出票日期

3．下列各项中，不属于原始凭证基本内容的是（ ）。

A．凭证的名称　　B．填制凭证的日期

C．接受凭证单位的名称　　D．接受凭证单位的统一社会信用代码

4．下列单据中，不能作为原始凭证的是（　　）。

A．发货单　　B．领料单

C．银行存款余额调节表　　D．工资结算汇总表

5．下列单据中，属于原始凭证的是（　　）。

A．折旧计算表　B．销售合同　C．生产计划　D．委托加工协议

6．下列原始凭证中，属于累计凭证的是（　　）。

A．领料单　B．发票　C．收料单　D．限额领料单

7．下列关于银行结算单据的说法，正确的是（　　）。

A．银行结算单据属于外来原始凭证　B．银行结算单据属于专用凭证

C．银行结算单据属于累计凭证　D．银行结算单据属于汇总凭证

8．不符合原始凭证填制的基本要求的是（　　）。

A．从个人处取得的原始凭证，必须有填制人员的签名盖章

B．原始凭证不得涂改、刮擦、挖补

C．上级批准的经济合同，应作为原始凭证

D．原始凭证上大写和小写金额必须相等

9．企业接受的原始凭证金额有错误，应采用的处理方法是（　　）。

A．由出具单位重开　B．向单位负责人报告

C．本单位代替出具单位进行更正　D．由出具单位重开或更正

10．会计机构、会计人员对记载不准确、不完整的原始凭证应（　　）。

A．不予受理　B．可以受理

C．予以退回，要求更正、补充　D．报告单位负责人

11．下列各项中，属于审核原始凭证真实性的是（　　）。

A．凭证日期是否真实、业务内容是否真实

B．审核原始凭证所记录经济业务是否符合国家法律

C．审核原始凭证各项基本要素是否齐全

D．审核原始凭证各项金额计算及填写是否正确

12．下列不属于原始凭证审核内容的是（　　）。

A．合法性　B．完整性　C．公允性　D．真实性

三、多项选择题

1．在原始凭证上书写阿拉伯数字，错误的做法是（　　）。

A．金额数字前书写货币币种符号

B．货币币种符号与金额数字之间要留有空白

C．所有以元为单位的数字，一律填写到角、分

D．数字前写有货币币种符号的，数字后不再写货币单位

2．下列关于原始凭证填制基本要求的说法，正确的有（　　）。

A．大小写金额必须符合填写规范，小写金额用阿拉伯数字逐个书写，不得写连笔字

B．金额数字一律填写到角、分

C．不得涂改、刮擦、挖补

D．原始凭证金额有错误的，应当由出具单位重开或者更正，更改处应当加盖出具单位印章

3．在原始凭证上书写阿拉伯数字时，正确的有（　　）。

A．所有以元为单位的数字，一律填写到角、分

B．无角无分的，角位和分位可写“00”或“—”

C．有角无分的，分位应当写“0”

D．有角无分的，分位也可以用符号“—”代替

4．下列属于外来原始凭证的有（　　）。

A．销售发票　　B．购货发票

C．出差取得的飞机票　　D．银行收付款通知单

5．下列不能作为会计核算的原始凭证的有（　　）。

A．合同书　　B．领料单　　C．生产通知单　　D．入库单

6．下列关于汇总凭证的表述，正确的有（　　）。

A．汇总凭证是指在会计实际工作中，为了简化记账凭证的填制工作，将一定时期记录同类经济业务的原始凭证汇总编制的一张原始凭证

B．发料凭证汇总表属于汇总凭证

C．限额领料单属于汇总凭证

D．汇总凭证可以将两类或两类以上的经济业务汇总在一起，填列在一张汇总原始凭证上

7．原始凭证按其填制手续及内容的不同，可以分为（　　）。

A．转账凭证　　B．一次凭证　　C．累计凭证　　D．汇总凭证

8．下列属于自制原始凭证的有（　　）。

A．工资结算单　　B．限额领料单

C．发料凭证汇总表　　D．销售货物时开出的增值税专用发票

9．下列关于汇总凭证与累计凭证的说法，正确的有（　　）。

A．它们通常都是自制原始凭证　　B．累计凭证可以随时计算发生额累计数

C．汇总凭证可以简化手续　　D．工资汇总表是累计凭证

10．从外单位取得的原始凭证遗失时，应（　　）后代作原始凭证。

A．取得原签发单位盖有公章的证明

B．注明原始凭证的号码、金额、内容等

C．由经办单位会计机构负责人、会计主管人员和单位负责人批准

D．由本单位会计人员自行补办

11．原始凭证发生错误时，正确的更正方法有（　　）。

A．有除金额外的其他错误，由出具单位重开或者更正

B．由本单位的负责人代为更正

C．金额发生错误，可由出具单位在原始凭证上更正

D．金额发生错误，应当由出具单位重开

12．会计机构、会计人员对不真实、不合法的原始凭证有权（　　）。

A．不予接受

B．向单位负责人报告

C．请求查明原因，追究有关当事人的责任

D．予以退回，要求更正、补充

四、技能训练题

1．填制入库单和支票

（1）业务资料

2019 年 10 月 8 日，广东佳信贸易有限公司向广东倍家科技有限公司购入电热壶 5 000 台，收到增值税专用发票（图 2-1），电热壶验收合格入库，货款以银行存款支付。

广 东 增 值 税 专 用 发 票

4601041141　　　　№ 031131001

（印章：全国统一发票监制章 发票联 国家税务总局 广东省税务局）

开票日期：2019 年 10 月 08 日

购买方	名　　称：广东佳信贸易有限公司 纳税人识别号：440703256268224 地 址、电 话：惠州市仲恺大道 168 号　0752-88328688 开户行及账号：中国建设银行仲恺支行 71682674152				密码区	（略）		
货物或应税劳务、服务名称	规格型号	单位	数量	单价	金额	税率	税额	
*家用电器*电热壶		台	5 000	62.00	310 000.00	13%	40 300.00	
合　　计					¥310 000.00		¥40 300.00	
价税合计（大写）	⊗叁拾伍万零叁佰圆整				（小写）¥350 300.00			
销售方	名　　称：广东倍家科技有限公司 纳税人识别号：440703256268024 地 址、电 话：惠州市仲恺大道 248 号　0752-88327589 开户行及账号：中国建设银行仲恺支行 71682674052				备注	（印章：广东倍家科技有限公司 440703256268024 发票专用章）		

收款人：谢惠新　　复核：杨晓梅　　开票人：王耀林　　销售方：（章）

第三联：发票联　购买方记账凭证

图 2-1　增值税专用发票

（2）训练要求

1）电热壶已验收入库，填写产成品入库单（图 2-2）。

产成品入库单

年　月　日　　　　　　　　　　收字第　　号

产品名称	规格型号	单位	应收数量	实收数量	金额/元

仓库主管：　　　复核：　　　验收：　　　制单：

图 2-2　产成品入库单

2）支付货款，签发转账支票（图 2-3）。

中国建设银行支票存根（粤）

GS 01034001

附加信息

出票日期　　年　月　日

收款人：

金　额：

用　途：

单位主管　　会计

中国建设银行支票（粤）　　GS 01034001

付款期限自出票之日起十天

出票日期（大写）　　年　月　日　付款行名称：

收款人：　　　　　出票人账号：

人民币（大写）	千	百	十	万	千	百	十	元	角	分

用途　　　　密码

上列款项请从我账户内支付　　行号

出票人签章　　广东佳信贸易有限公司财务专用章　　陈利胜　　复核　　记账

被背书人	被背书人	附加信息：
背书人签章 年　月　日	背书人签章 年　月　日	

（粘贴单处）

根据《中华人民共和国票据法》等法律法规的规定，签发空头支票由中国人民银行处以票面金额 5%但不低于 1 000 元的罚款。

图 2-3　转账支票

2. 填制增值税专用发票和进账单

（1）业务资料

2019 年 10 月 10 日，广东佳信贸易有限公司向广东百福电器有限公司销售电热壶 2 000 台，单位成本 65 元，单价 100 元，增值税税率为 13%，开出增值税专用发票一张。增值税专用发票开票资料见表 2-1。

表 2-1　增值税专用发票开票资料

项目	购买方	销售方
名称	广东百福电器有限公司	广东佳信贸易有限公司
纳税人识别号	440702443268027	440703256268224
地址、电话	惠州市仲恺大道 148 号　0752-88682587	惠州市仲恺大道 168 号　0752-88328683
开户行及账号	中国建设银行仲恺支行 71676243355	中国建设银行仲恺支行 71682674152

（2）训练要求

1）依据背景资料，填制增值税专用发票（图 2-4）。

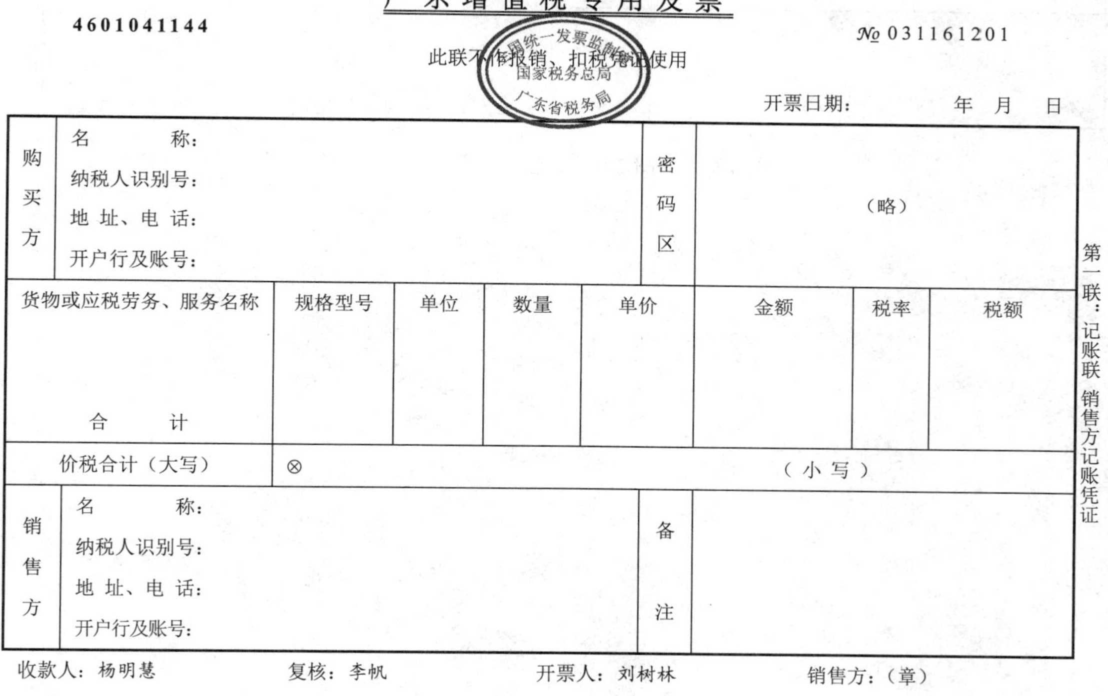

广东增值税专用发票

4601041144　　№ 031161201

此联不作报销、扣税凭证使用

开票日期：　　年　月　日

购买方	名　称： 纳税人识别号： 地址、电话： 开户行及账号：	密码区	（略）

货物或应税劳务、服务名称	规格型号	单位	数量	单价	金额	税率	税额
合　计							
价税合计（大写）	⊗				（小写）		

销售方	名　称： 纳税人识别号： 地址、电话： 开户行及账号：	备注	

第一联：记账联　销售方记账凭证

收款人：杨明慧　　复核：李帆　　开票人：刘树林　　销售方：（章）

图 2-4　增值税专用发票

2）产品已出库，填写产品出库单（图 2-5）。

产品出库单

年　月　日　　第　　号

产品名称	规格	型号	单位	数量	单位成本	金额/元

仓库主管：　　复核：　　发货：　　制单：

图 2-5　产品出库单

3）当日收到转账支票一张（支票略），填写银行进账单（图 2-6）。

<table>
<tr><td colspan="17">中国建设银行进账单　（回　单）　1
年　月　日</td></tr>
<tr><td rowspan="3">出票人</td><td>全称</td><td colspan="3"></td><td rowspan="3">收款人</td><td>全称</td><td colspan="10"></td></tr>
<tr><td>账号</td><td colspan="3"></td><td>账号</td><td colspan="10"></td></tr>
<tr><td>开户银行</td><td colspan="3"></td><td>开户银行</td><td colspan="10"></td></tr>
<tr><td rowspan="2">金额</td><td rowspan="2" colspan="5">人民币
（大写）</td><td>亿</td><td>千</td><td>百</td><td>十</td><td>万</td><td>千</td><td>百</td><td>十</td><td>元</td><td>角</td><td>分</td></tr>
<tr><td></td><td></td><td></td><td></td><td></td><td></td><td></td><td></td><td></td><td></td><td></td></tr>
<tr><td colspan="2">票据种类</td><td></td><td>票据张数</td><td></td><td colspan="12" rowspan="3">开户银行盖章</td></tr>
<tr><td colspan="2">票据号码</td><td colspan="3">（略）</td></tr>
<tr><td colspan="5">复核　　记账</td></tr>
</table>

此联是开户银行交给持（出）票人的回单

图 2-6　银行进账单

第 3 章　理解会计记账原理

一、判断题

1．基本会计等式所体现的平衡关系原理，是设置账户、复式记账和编制会计报表的理论依据。（　　）

2．一般而言，法律主体必然是会计主体，但会计主体不一定是法律主体。（　　）

3．从数量上看，资产和权益始终保持平衡关系，任何经济业务的发生均不会改变资产和权益的金额。（　　）

4．明确界定会计主体是开展会计确认、计量和报告的重要前提。（　　）

5．收入包括主营业务收入、其他业务收入和营业外收入。（　　）

6．在借贷记账法下，会计账户的借方登记增加数，贷方登记减少数。（　　）

7．一般来说，各类账户的期初余额与记账增加额的一方都在同一方向。（　　）

8．所有的总账账户都必须设置明细账户，进行明细分类核算。（　　）

9．通过试算平衡检查账簿记录，若借贷平衡就可以肯定记账准确无误。（　　）

10．会计科目不能记录经济业务的增减变化及结果。（　　）

二、单项选择题

1．下列项目中，属于资产的是（　　）。

A．预收账款　　B．资本公积　　C．库存商品　　D．财务费用

2．下列项目中，属于负债的是（　　）。

A．预付账款　　B．预收账款　　C．应收票据　　D．管理费用

3．下列项目中，属于所有者权益的是（　　）。

A．固定资产　　B．应付职工薪酬

C．短期借款　　D．盈余公积

4．引起资产和负债同时增加的经济业务是（　　）。

A．用银行存款购买材料　　B．从银行取得借款存入银行

C．以无形资产对外投资　　D．以银行存款偿还应付账款

5．引起负债有增有减的经济业务是（　　）。

A．以银行存款偿还银行借款　　B．开出商业汇票抵付应付账款

C．以银行存款支付工资　　D．收到投资者投入的设备

6．以银行存款向国家缴纳税费，所引起的变动为（　　）。

A．一项资产减少，一项所有者权益减少

B．一项资产减少，一项负债减少

C．一项所有者权益增加，一项负债减少

D．一项资产增加，一项资产减少

7．某企业资产总额为600万元，如果发生下列经济业务：①收到外单位投资40万元，存入银行；②以银行存款支付购入材料款12万元；③以银行存款偿还短期借款10万元。企业的资产总额应为（　　）万元。

A．636　　B．628　　C．648　　D．630

8．某企业本期期初资产总额为3 600 000元，本期期末负债总额减少了400 000元，所有者权益比期初增加了600 000元，则该企业本期期末资产总额为（　　）元。

A．3 400 000　　B．3 800 000　　C．4 200 000　　D．3 200 000

9．复式记账、账户试算平衡和资产负债表编制的理论依据是（　　）。

A．资产＝负债＋所有者权益＋（收入－费用）

B．资产＝负债＋所有者权益＋利润

C．资产＝负债＋所有者权益

D．收入－费用＝利润

10．下列不属于会计核算方法的是（　　）。

A．复式记账　　B．成本分析　　C．登记账簿　　D．财产清查

11．会计科目是（　　）。

A．会计要素的名称　　B．报表的名称

C．账户的名称　　D．账簿的名称

12．按照复式记账原理，对于每一项经济业务都要在（　　）中相互联系地登记。

A．一个资产账户，一个负债账户

B．两个或两个以上的账户

C．一个总账账户及所属的明细账户

D．一个账户的借方，另一个账户的贷方

13．借贷记账法的贷方表示（　　）。

A．资产增加，负债及所有者权益减少

B．资产减少，负债及所有者权益增加

C．资产增加，负债及所有者权益增加

D．资产减少，负债及所有者权益减少

14．借贷记账法试算平衡的方法是（　　）。

A．总分类账及所属明细分类账的余额平衡

B．差额平衡

C．所有资产类和负债类的余额平衡

D．发生额平衡、余额平衡

15．“应收账款”账户期初借方余额为7 000元，本期借方发生额为3 000元，本期贷方发生额为12 000元，该账户期末余额应为（　　）元。

A．借方余额8 000　　B．贷方余额9 000

C．借方余额2 000　　D．贷方余额2 000

16．下列属于简单会计分录的是（　　）。
A．一借多贷　　B．一借一贷　　C．一贷多借　　D．多借多贷

17．期末，一般有借方余额的账户是（　　）。
A．“应付账款”账户　　B．“实收资本”账户
C．“应收账款”账户　　D．“预收账款”账户

18．所有者权益在数量上等于（　　）。
A．所有者投入的资本
B．实收资本与资本公积之和
C．全部资产减去全部负债后的净额
D．实收资本与未分配利润之和

19．下列关于会计要素的表述，不正确的是（　　）。
A．会计要素用于反映企业财务成果与经营状况
B．会计要素包括资产、负债、所有者权益、收入、费用和利润
C．资产、负债和所有者权益为动态会计要素
D．利润要素的确认主要依赖于收入和费用，以及利得和损失金额的确认

20．负债是指过去的交易或事项形成的（　　），履行该义务预期会导致经济利益流出企业。
A．潜在义务　　B．法定义务　　C．推定义务　　D．现时义务

三、多项选择题

1．下列各项，属于会计要素的有（　　）。
A．负债　　B．所有者权益　　C．财务状况　　D．利润

2．我国以日历年度作为会计年度。会计年度确定后，一般按日历确定（　　）。
A．半年度　　B．季度　　C．月度　　D．周度

3．下列属于反映企业经营成果的会计要素有（　　）。
A．收入　　B．费用　　C．利润　　D．所有者权益

4．下列正确的经济业务类型有（　　）。
A．一项资产增加，一项所有者权益减少
B．资产与负债同时增加
C．一项负债减少，一项所有者权益增加
D．负债与所有者权益同时增加

5．下列（　　）经济业务发生后，不会使资产或权益总额发生变化。
A．以银行存款 5 000 元，偿还前欠购料款
B．从银行取得借款 20 000 元，存入银行
C．以银行存款 3 000 元，购买材料
D．从银行提取现金 800 元

6．会计的方法有（　　）。

A．复式记账法　　B．会计分析方法

C．会计核算方法　　D．会计检查方法

7．会计平衡公式可以用（　　）表示。

A．资产＝权益

B．资产＝负债＋所有者权益

C．资金占用＝资金来源

D．资产＝负债＋所有者权益＋（收入－费用）

8．会计分录的要素包括（　　）。

A．记账方法　　B．记账方向　　C．账户名称　　D．应记金额

9．下列关于总分类账的说法，正确的是（　　）。

A．按一级会计科目开设的账户　　B．提供某一会计要素的总括核算资料

C．只用货币单位进行计量　　D．对所属的各明细分类账户起统驭作用

10．期末，一般有贷方余额的账户是（　　）。

A．“预收账款”账户　　B．“长期借款”账户

C．“管理费用”账户　　D．“应交税费”账户

11．下列各项中，属于“收入”要素特征的有（　　）。

A．收入是企业在日常活动中形成的

B．收入是与所有者投入资本无关的经济利益的总流入

C．收入会导致所有者权益的增加

D．经济利益的流入能够可靠地计量

12．企业的费用具体表现为一定期间（　　）。

A．现金的流出　　B．企业其他资产的减少

C．企业负债的增加　　D．银行存款的流出

13．会计账户各项金额的对应关系可以用（　　）表示。

A．本期期末余额＝本期期初余额＋本期增加额－本期减少额

B．本期期末余额－本期期初余额＝本期增加额－本期减少额

C．本期期末余额－本期期初余额＝本期增加额＋本期减少额

D．本期期末余额＋本期减少额＝本期期初余额＋本期增加额

14．以下属于账户基本结构的内容有（　　）。

A．账户的名称　　B．日期和摘要

C．凭证号数　　D．借方和贷方的金额及余额

15．下列关于借贷记账法的表述，正确的有（　　）。

A．采用“借”“贷”作为记账符号

B．以“资产＝负债＋所有者权益”作为理论依据

C．记账规则是“有借必有贷，借贷必相等”

D．是我国企业会计核算的法定记账方法

四、技能训练题

1. 填写会计要素增减变化情况表

（1）业务资料

某公司 6 月发生如下经济业务。

1）用银行存款缴纳税费 3 000 元。

2）收到客户预付的购货款 6 000 元。

3）向银行借入短期借款 100 000 元，存入银行。

4）收到投资者投入的一项专利技术，作价 20 000 元。

5）收到客户偿还的前欠货款 40 000 元，存入银行。

6）购买机器设备一台，价值 80 000 元，款项尚未支付。

7）以银行存款支付前欠材料供应单位的货款 60 000 元。

8）以银行存款购买原材料一批，价值 200 000 元。

9）从银行提取现金 10 000 元。

10）计提盈余公积 20 000 元。

（2）训练要求

判断上述业务属于哪个会计要素，将该要素的增减变化情况填入表 3-1 相应的栏目内。

表 3-1　会计要素增减变化情况表

单位：元

序号	资产		负债		所有者权益	
1（举例）	银行存款减少	3 000.00	应交税费减少	3 000.00		
2						
3						
4						
5						
6						
7						
8						
9						
10						

2. 补充完成账户发生额及余额表

某企业有关账户的发生额及余额资料见表 3-2。

1）将表 3-2 括号内的数据补充完整。

2）在“借或贷”栏内注明余额的借贷方向。

表 3-2　有关账户发生额及余额表

单位：元

账户名称	期初余额	本期增加额	本期减少额	借或贷	期末余额
库存现金	（　　）	8 800.00	9 200.00		400.00
银行存款	450 000.00	320 000.00	560 000.00		（　　）
其他应收款	32 000.00	（　　）	20 000.00		18 000.00
库存商品	760 000.00	（　　）	420 000.00		540 000.00
应付账款	60 000.00	（　　）	30 000.00		70 000.00
应交税费	100 000.00	240 000.00	（　　）		80 000.00
实收资本	12 000 000.00	3 000 000.00	（　　）		15 000 000.00
盈余公积	500 000.00	200 000.00	（　　）		400 000.00

3. 编制会计分录、T 形账户和试算平衡表

（1）业务资料

某企业 2019 年 7 月各总分类账户的期初余额见表 3-3。

表 3-3　各总分类账户期初余额表

2019 年 7 月 1 日　　　单位：元

资产	余额	负债及所有者权益	余额
库存现金	4 000.00	短期借款	200 000.00
银行存款	516 400.00	应付票据	185 000.00
其他应收款	1 000.00	应付账款	115 000.00
原材料	450 000.00	实收资本	2 700 000.00
库存商品	368 600.00		
生产成本	80 000.00		
固定资产	1 780 000.00		
合计	3 200 000.00	合计	3 200 000.00

2019 年 7 月发生如下经济业务。

1）向银行申请 3 个月期限的临时周转借款，金额为 100 000 元，款项已存入企业银行存款账户。

2）出纳人员向银行提取现金 8 000 元备用。

3）采购员李明预借差旅费 2 000 元，付给现金。

4）购入材料一批，金额 160 000 元，材料已验收入库，货款用银行存款付讫。

5）向金园五金经营部购入五金材料一批，金额 40 000 元，材料验收入库，货款尚未支付。

6）生产车间为生产产品领用材料一批，金额 90 000 元。

7）接受中科公司 600 000 元的投资，款项已送存开户银行。

8）以银行存款偿还前欠鸿达公司材料款 70 000 元。

9）购入办公用品，金额 200 元，以现金付讫，交行政办公室使用。

10）采购员李明持结算凭证向财务科报销，批准报销差旅费 1 800 元，交回现金余款 200 元。

（2）训练要求

1）编制本月经济业务的会计分录。

题号	会计分录
1	
2	
3	
4	
5	
6	
7	
8	
9	
10	

2）编制各账户的 T 形账户。

借方	库存现金	贷方

借方	原材料	贷方

借方	银行存款	贷方

借方	库存商品	贷方

借方	其他应收款	贷方

借方	固定资产	贷方

借方	生产成本	贷方

借方	管理费用	贷方

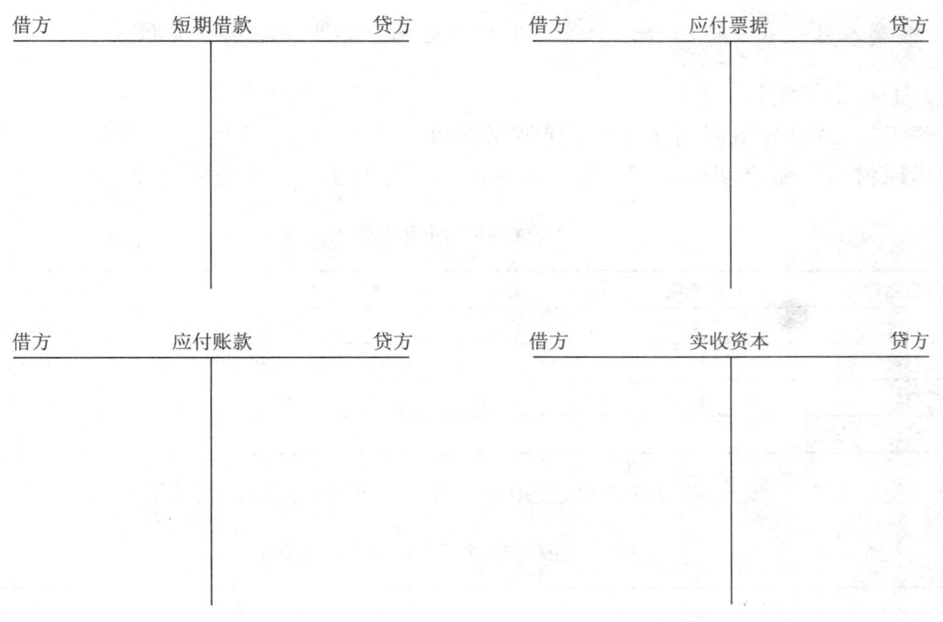

3）编制试算平衡表（表 3-4）。

表 3-4　试算平衡表

年　　月　　日　　　　　　　　　　单位：元

账户名称（会计科目）	期初余额		本期发生额		期末余额	
	借方	贷方	借方	贷方	借方	贷方
合计						

4. 编制本月经济业务的会计分录，平行登记总分类账和明细分类账

（1）期初余额资料

华美工厂 2019 年 6 月有关账户的期初余额如下。

1）“原材料”账户期初借方余额 179 000 元，其明细分类账资料见表 3-5。

表 3-5 “原材料”明细分类账资料

原材料名称	计量单位	数量	单价/元	金额/元
甲材料	千克	10 000	5.60	56 000.00
乙材料	吨	20	2 400.00	48 000.00
丙材料	件	2 500	30.00	75 000.00
合计				179 000.00

2）“应付账款”账户期初贷方余额 90 000 元，其明细分类账资料见表 3-6。

表 3-6 “应付账款”明细分类账资料

供货单位名称	金额/元
华星工厂	40 000.00
祥瑞工厂	30 000.00
迅达工厂	20 000.00
合计	90 000.00

（2）业务资料

华美工厂 6 月发生如下经济业务。

1）3 日，以银行存款偿还前欠华星工厂货款 40 000 元，前欠祥瑞工厂货款 30 000 元。

2）5 日，向华星工厂购入甲材料 30 000 千克，每千克 5.60 元，计 168 000 元；购入乙材料 30 吨，每吨为 2 400 元，计 72 000 元，材料验收入库，货款以银行存款付讫。

3）12 日，以银行存款归还前欠迅达工厂货款 20 000 元。

4）20 日，向华星工厂购入甲材料 20 000 千克，每千克 5.60 元，计 112 000 元，材料已验收入库，货款尚未支付。

5）26 日，向迅达工厂购入丙材料 7 500 件，每件 30 元，计 225 000 元，材料已验收入库，货款尚未支付。

6）30 日，材料仓库汇总本月发出投入产品生产的各种材料见表 3-7。

表 3-7 发出材料汇总表

原材料名称	发出材料数量	单位	单价/元	金额/元
甲材料	40 000	千克	5.60	224 000.00
乙材料	40	吨	2 400.00	96 000.00
丙材料	8 000	件	30.00	240 000.00
合计	—		—	560 000.00

（3）训练要求

1）编制本月经济业务的会计分录。

题号	会计分录
1	
2	
3	
4	
5	
6	

2）登记总分类账和明细分类账，并计算出各账户的本期发生额和期末余额，见图 3-1～图 3-8。

总分类账

会计科目：原材料

2019 年		凭证号数	摘要	借方	贷方	借或贷	余额
月	日						
6	1		上月结转				

图 3-1　“原材料”总分类账

“原材料”明细分类账

原材料名称：甲材料

2019 年		凭证号数	摘要	计量单位	收入			发出			结存		
月	日				数量	单价	金额	数量	单价	金额	数量	单价	金额
6	1		上月结转										

图 3-2　甲材料明细分类账

“原材料”明细分类账

原材料名称：乙材料

2019 年		凭证号数	摘要	计量单位	收入			发出			结存		
月	日				数量	单价	金额	数量	单价	金额	数量	单价	金额
6	1		上月结转										

图 3-3　乙材料明细分类账

“原材料”明细分类账

原材料名称：丙材料

2019 年		凭证号数	摘要	计量单位	收入			发出			结存		
月	日				数量	单价	金额	数量	单价	金额	数量	单价	金额
6	1		上月结转										

图 3-4　丙材料明细分类账

总分类账

会计科目：应付账款

2019 年		凭证号数	摘要	借方	贷方	借或贷	余额
月	日						
6	1		上月结转				

图 3-5　“应付账款”总分类账

“应付账款”明细分类账

账户名称：华星工厂

2019 年		凭证号数	摘要	借方	贷方	借或贷	余额
月	日						
6	1		上月结转				

图 3-6　华星工厂“应付账款”明细分类账

“应付账款”明细分类账

账户名称：祥瑞工厂

2019 年		凭证号数	摘要	借方	贷方	借或贷	余额
月	日						
6	1		上月结转				

图 3-7　祥瑞工厂“应付账款”明细分类账

“应付账款”明细分类账

账户名称：迅达工厂

2019年		凭证号数	摘要	借方	贷方	借或贷	余额
月	日						
6	1		上月结转				

图 3-8 迅达工厂“应付账款”明细分类账

第4章 认知和填制记账凭证

一、判断题

1．企业将库存现金存入银行，一方面引起库存现金减少，另一方面又引起银行存款增加，因此应填制现金付款凭证和银行存款收款凭证。（ ）

2．记账凭证的“过账”（或“账页”）栏内打“√”表示已审核完毕。（ ）

3．填制记账凭证时，若发生错误，应当重新填制。（ ）

4．记账凭证可以根据若干张同类原始凭证汇总填制。（ ）

5．记账凭证的填制与审核不能是同一会计人员。（ ）

6．记账凭证是会计核算的起点，是登记会计账簿的依据。（ ）

7．原始凭证一般由会计人员填制或取得。（ ）

8．记账凭证日期一般填写填制记账凭证当天的日期，根据需要也可填写经济业务发生时的日期或月末日期。（ ）

9．凡是引起现金或银行存款增加的，如销售产品收到银行存款，应选用转账凭证。（ ）

10．在审核记账凭证的过程中，发现已入账的记账凭证有错误，应按照规定的更正错误的方法予以更正。（ ）

二、单项选择题

1．填制会计凭证是（ ）的前提和依据。

A．成本计算　　B．编制会计报表

C．登记账簿　　D．设置账户

2．记账凭证和原始凭证的金额（ ）。

A．必须相等　B．可能相等　C．可能不相等　D．一定不相等

3．对于库存现金和银行存款之间的相互划转业务，为了避免重复记账，一般只填制（ ）。

A．收款凭证　B．付款凭证　C．转账凭证　D．结算凭证

4．生产车间领用原材料，应根据领料单填制（ ）。

A．收款凭证　B．付款凭证　C．转账凭证　D．结算凭证

5．记账凭证的填制一般由（ ）完成。

A．出纳人员　B．会计人员　C．经办人员　D．主管人员

6．记账凭证填制完毕加计合计数以后，如有空行应（ ）。

A．空置不填　B．划线注销　C．盖章注销　D．签字注销

7．下列项目中，不属于记账凭证审核内容的是（ ）。

A．凭证是否符合有关的计划和预算

B．凭证的金额与所附原始凭证的金额是否一致

C．会计科目的使用是否正确

D．凭证的内容与所附原始凭证的内容是否一致

8．某企业外购一批材料，实际支付的价款为 5 000 元，支付的增值税为 650 元，同时发生运费 100 元，则原材料的入账价值为（　　）元。

A．5 650　　B．5 000　　C．5 100　　D．5 750

9．下列各项中，不计入产品成本的是（　　）。

A．生产工人工资　　B．生产设备的折旧

C．生产产品所耗用的材料费　　D．行政管理人员工资

10．下列各项中，不能计入购入生产经营用设备成本的是（　　）。

A．支付的买价　　B．支付的增值税

C．支付的保险费　　D．支付的运杂费

11．计提本月固定资产折旧时，应贷记（　　）科目。

A．“固定资产”　B．“累计折旧”　C．“财务费用”　D．“制造费用”

12．支付产品广告费时，应借记（　　）科目。

A．“管理费用”　B．“销售费用”　C．“营业外支出”　D．“其他业务成本”

13．下列各项中，不影响营业利润的是（　　）。

A．管理费用　B．所得税费用　C．主营业务收入　D．其他业务成本

14．下列各项中，期末结转到“本年利润”账户借方的是（　　）。

A．制造费用　B．管理费用　C．生产成本　D．营业外收入

15．下列各项中，应计入企业主营业务收入的是（　　）。

A．出租固定资产取得的收入　　B．出售固定资产取得的收入

C．转让无形资产使用权的收入　　D．提供劳务取得的收入

三、多项选择题

1．记账凭证按其用途可以分为（　　）。

A．单式记账凭证　　B．复式记账凭证

C．专用记账凭证　　D．通用记账凭证

2．记账凭证审核的主要内容有（　　）。

A．项目是否齐全　　B．科目是否正确

C．内容是否真实　　D．数量是否正确

3．记账凭证是（　　）填制的。

A．经办人　　B．会计人员

C．经济业务发生时　　D．根据审核无误的原始凭证

4．按照规定，除（　　）的记账凭证可以不附原始凭证外，其他记账凭证必须附有原始凭证。

A．提取现金　B．结账　C．更正错账　D．现金存入银行

5. 记账凭证的填制除必须做到记录真实、内容完整、填制及时、书写清楚外，还必须符合（　　）要求。

A. 如有空行，应当在空行处划线注销

B. 发生错误应该按规定的方法更正

C. 必须连续编号

D. 除另有规定外，应该有附件并注明附件张数

6.（　　）项目应直接计入当期损益。

A. 管理费用　　B. 制造费用　　C. 财务费用　　D. 销售费用

7. 下列属于利润分配内容的有（　　）。

A. 弥补以前年度亏损　　B. 提取盈余公积

C. 资本公积转增资本　　D. 向投资者分配利润

8. 下列属于营业外收入核算的项目有（　　）。

A. 违约罚款收入　　B. 确实无法支付的应付账款

C. 出售原材料取得的收入　　D. 没收外单位财产的收入

9. 下列应记入"生产成本"账户借方的费用有（　　）。

A. 产品生产工人的工资　　B. 企业总部修理办公设备耗用的原材料

C. 车间固定资产的折旧费　　D. 生产产品耗用的原材料

10. 下列各项中，属于职工薪酬核算内容的有（　　）。

A. 职工工资、奖金、津贴和补贴　　B. 职工福利费

C. 社会保险费　　D. 工会经费和职工教育经费

11. 下列各项中，通过"税金及附加"账户核算的有（　　）。

A. 城市维护建设税　　B. 印花税

C. 教育费附加　　D. 增值税

12. 下列关于结转完工产品成本的说法，正确的是（　　）。

A. 借记"库存商品"科目　　B. 借记"生产成本"科目

C. 贷记"主营业务收入"科目　　D. 贷记"生产成本"科目

四、技能训练题

1. 筹资业务记账凭证的填制

（1）业务资料

某工厂2019年5月发生下列经济业务。

1）6日，向银行借入期限为3个月的借款30 000元，款项已存入银行。

2）10日，用银行存款归还已到期的两年期借款100 000元。

3）16日，向银行借入期限为5年的借款120 000元，款项已存入银行。

4）20日，收到海红公司的投资款50 000元，款项已存入银行。

（2）训练要求

根据以上经济业务编制相应的会计分录与记账凭证，见图4-1～图4-4。

记 账 凭 证

年 月 日　　字第 号

摘 要	总账科目	明细科目	借方金额										贷方金额										账页或√
			千	百	十	万	千	百	十	元	角	分	千	百	十	万	千	百	十	元	角	分	
附属单证	张	合 计																					

会计主管：　　记账：　　审核：　　制单：

图 4-1　记账凭证 1

记 账 凭 证

年 月 日　　字第 号

摘 要	总账科目	明细科目	借方金额										贷方金额										账页或√
			千	百	十	万	千	百	十	元	角	分	千	百	十	万	千	百	十	元	角	分	
附属单证	张	合 计																					

会计主管：　　记账：　　审核：　　制单：

图 4-2　记账凭证 2

记 账 凭 证

年 月 日　　字第 号

摘 要	总账科目	明细科目	借方金额										贷方金额										账页或√
			千	百	十	万	千	百	十	元	角	分	千	百	十	万	千	百	十	元	角	分	
附属单证	张	合 计																					

会计主管：　　记账：　　审核：　　制单：

图 4-3　记账凭证 3

记 账 凭 证

年　月　日　　　　字第　号

摘　要	总账科目	明细科目	借方金额										贷方金额										账页或√
			千	百	十	万	千	百	十	元	角	分	千	百	十	万	千	百	十	元	角	分	
附属单证	张	合　计																					

会计主管：　　　　记账：　　　　审核：　　　　制单：

图 4-4　记账凭证 4

2．采购业务记账凭证的填制

（1）业务资料

某企业 2019 年 6 月发生下列经济业务。

1）2 日，从新兴工厂购入 B 材料 1 000 千克，买价 20 000 元，增值税 2 600 元，运杂费 550 元，款项已用银行存款支付，材料尚未到达。

2）8 日，从永昌工厂购入 A 材料 600 千克，买价 30 000 元，增值税 3 900 元；B 材料 400 千克，买价 8 000 元，增值税 1 040 元，共发生运杂费 500 元，款项已用银行存款支付，材料已验收入库（运杂费按材料重量进行分配）。

3）16 日，从宏远工厂购入 C 材料 200 千克，买价 50 000 元，增值税 6 500 元；购入 D 材料 100 立方米，买价 30 000 元，增值税 3 900 元。运杂费共计 4 800 元，款项尚未支付，材料已验收入库（运杂费按材料买价进行分配）。

（2）训练要求

根据以上经济业务编制相应的会计分录与记账凭证，见图 4-5～图 4-7。

记 账 凭 证

年　月　日　　　　字第　号

摘　要	总账科目	明细科目	借方金额										贷方金额										账页或√
			千	百	十	万	千	百	十	元	角	分	千	百	十	万	千	百	十	元	角	分	
附属单证	张	合　计																					

会计主管：　　　　记账：　　　　审核：　　　　制单：

图 4-5　记账凭证 1

记 账 凭 证

年 月 日　　　　　　字第　号

摘要	总账科目	明细科目	借方金额										贷方金额										账页或√
			千	百	十	万	千	百	十	元	角	分	千	百	十	万	千	百	十	元	角	分	
附属单证	张	合计																					

会计主管：　　　记账：　　　审核：　　　制单：

图 4-6　记账凭证 2

记 账 凭 证

年 月 日　　　　　　字第　号

摘要	总账科目	明细科目	借方金额										贷方金额										账页或√
			千	百	十	万	千	百	十	元	角	分	千	百	十	万	千	百	十	元	角	分	
附属单证	张	合计																					

会计主管：　　　记账：　　　审核：　　　制单：

图 4-7　记账凭证 3

3. 生产业务记账凭证的填制

（1）业务资料

某企业 2019 年 6 月发生下列经济业务。

1）6 日，生产甲产品领用 A 材料 800 千克，单价 50 元；生产乙产品领用 B 材料 300 千克，管理部门领用 B 材料 50 千克，单价 20 元。

2）28 日，用银行存款支付本月电费 30 000 元，其中：生产车间 22 000 元，管理部门 8 000 元。

3）30 日，结算本月应付职工工资 50 000 元，其中：生产甲产品工人工资 20 000 元，生产乙产品工人工资 15 000 元，车间管理人员工资 6 000 元，企业管理人员工资 9 000 元。

4）30 日，计提本月固定资产折旧 3 800 元，其中：生产车间 2 300 元，管理部门 1 500 元。

（2）训练要求

根据以上经济业务编制相应的会计分录与记账凭证，见图 4-8～图 4-11。

记　账　凭　证

年　月　日　　　　字第　号

摘　要	总账科目	明细科目	借方金额										贷方金额										账页或√
			千	百	十	万	千	百	十	元	角	分	千	百	十	万	千	百	十	元	角	分	
附属单证	张	合　计																					

会计主管：　　　　记账：　　　　审核：　　　　制单：

图 4-8　记账凭证 1

记　账　凭　证

年　月　日　　　　字第　号

摘　要	总账科目	明细科目	借方金额										贷方金额										账页或√
			千	百	十	万	千	百	十	元	角	分	千	百	十	万	千	百	十	元	角	分	
附属单证	张	合　计																					

会计主管：　　　　记账：　　　　审核：　　　　制单：

图 4-9　记账凭证 2

记　账　凭　证

年　月　日　　　　字第　号

摘　要	总账科目	明细科目	借方金额										贷方金额										账页或√
			千	百	十	万	千	百	十	元	角	分	千	百	十	万	千	百	十	元	角	分	
附属单证	张	合　计																					

会计主管：　　　　记账：　　　　审核：　　　　制单：

图 4-10　记账凭证 3

记　账　凭　证

年　月　日　　　　　　　　　　　　　　　　字第　号

摘　要	总账科目	明细科目	借方金额										贷方金额										账页或√
			千	百	十	万	千	百	十	元	角	分	千	百	十	万	千	百	十	元	角	分	
附属单证　张		合　计																					

会计主管：　　　　记账：　　　　审核：　　　　制单：

图 4-11　记账凭证 4

4. 销售业务记账凭证的填制

（1）业务资料

某企业 2019 年 7 月发生下列经济业务。

1）5 日，用银行存款支付产品广告费 2 000 元。

2）8 日，销售给雪莲工厂甲产品 500 件，单位售价 600 元，销项税额 39 000 元，款项已存入银行。

3）20 日，用银行存款支付产品销售运输费 300 元。

4）28 日，销售给红卫工厂 C 材料 100 千克，单位售价 20 元，销项税额 260 元，款项已存入银行。

（2）训练要求

根据以上经济业务编制相应的会计分录与记账凭证，见图 4-12～图 4-15。

记　账　凭　证

年　月　日　　　　　　　　　　　　　　　　字第　号

摘　要	总账科目	明细科目	借方金额										贷方金额										账页或√
			千	百	十	万	千	百	十	元	角	分	千	百	十	万	千	百	十	元	角	分	
附属单证　张		合　计																					

会计主管：　　　　记账：　　　　审核：　　　　制单：

图 4-12　记账凭证 1

记 账 凭 证

年 月 日 字第 号

摘 要	总账科目	明细科目	借方金额										贷方金额										账页或√
			千	百	十	万	千	百	十	元	角	分	千	百	十	万	千	百	十	元	角	分	
附属单证	张	合 计																					

会计主管： 记账： 审核： 制单：

图 4-13 记账凭证 2

记 账 凭 证

年 月 日 字第 号

摘 要	总账科目	明细科目	借方金额										贷方金额										账页或√
			千	百	十	万	千	百	十	元	角	分	千	百	十	万	千	百	十	元	角	分	
附属单证	张	合 计																					

会计主管： 记账： 审核： 制单：

图 4-14 记账凭证 3

记 账 凭 证

年 月 日 字第 号

摘 要	总账科目	明细科目	借方金额										贷方金额										账页或√
			千	百	十	万	千	百	十	元	角	分	千	百	十	万	千	百	十	元	角	分	
附属单证	张	合 计																					

会计主管： 记账： 审核： 制单：

图 4-15 记账凭证 4

5．利润业务记账凭证的填制

（1）业务资料

某企业 2019 年 8 月发生下列经济业务。

1）3 日，用银行存款交纳上月应交所得税 60 000 元。

2）15 日，用银行存款向灾区捐款 50 000 元。

3）31 日，结转收入类账户的余额，其中：主营业务收入 350 000 元，其他业务收入 10 000 元，投资收益 15 000 元，营业外收入 2 000 元。

4）31 日，结转费用类账户的余额，其中：主营业务成本 210 000 元，其他业务成本 5 700 元，销售费用 28 000 元，税金及附加 8 500 元，管理费用 34 500 元，财务费用 2 000 元，营业外支出 60 000 元。

5）31 日，按本月利润总额的 25%计算并结转应交所得税。

6）31 日，按本月净利润的 10%计提法定盈余公积。

（2）训练要求

根据以上经济业务编制相应的会计分录与记账凭证，见图 4-16～图 4-23。

记　账　凭　证

年　月　日　　　　字第　号

摘　要	总账科目	明细科目	借方金额										贷方金额										账页或√
			千	百	十	万	千	百	十	元	角	分	千	百	十	万	千	百	十	元	角	分	
附属单证	张	合　计																					

会计主管：　　记账：　　审核：　　制单：

图 4-16　记账凭证 1

记　账　凭　证

年　月　日　　　　字第　号

摘　要	总账科目	明细科目	借方金额										贷方金额										账页或√
			千	百	十	万	千	百	十	元	角	分	千	百	十	万	千	百	十	元	角	分	
附属单证	张	合　计																					

会计主管：　　记账：　　审核：　　制单：

图 4-17　记账凭证 2

记 账 凭 证

年　月　日　　　　字第　号

摘　要	总账科目	明细科目	借方金额										贷方金额										账页或√
			千	百	十	万	千	百	十	元	角	分	千	百	十	万	千	百	十	元	角	分	
附属单证	张	合　计																					

会计主管：　　　　记账：　　　　审核：　　　　制单：

图 4-18　记账凭证 3

记 账 凭 证

年　月　日　　　　字第　号

摘　要	总账科目	明细科目	借方金额										贷方金额										账页或√
			千	百	十	万	千	百	十	元	角	分	千	百	十	万	千	百	十	元	角	分	
附属单证	张	合　计																					

会计主管：　　　　记账：　　　　审核：　　　　制单：

图 4-19　记账凭证 4

记 账 凭 证

年　月　日　　　　字第　号

摘　要	总账科目	明细科目	借方金额										贷方金额										账页或√
			千	百	十	万	千	百	十	元	角	分	千	百	十	万	千	百	十	元	角	分	
附属单证	张	合　计																					

会计主管：　　　　记账：　　　　审核：　　　　制单：

图 4-20　记账凭证 5

记 账 凭 证

年　月　日　　　　　　　　　　　　　　字第　号

摘　要	总账科目	明细科目	借方金额										贷方金额										账页或√
			千	百	十	万	千	百	十	元	角	分	千	百	十	万	千	百	十	元	角	分	
附属单证	张	合　计																					

会计主管：　　　　　　记账：　　　　　　审核：　　　　　　制单：

图 4-21　记账凭证 6

记 账 凭 证

年　月　日　　　　　　　　　　　　　　字第　号

摘　要	总账科目	明细科目	借方金额										贷方金额										账页或√
			千	百	十	万	千	百	十	元	角	分	千	百	十	万	千	百	十	元	角	分	
附属单证	张	合　计																					

会计主管：　　　　　　记账：　　　　　　审核：　　　　　　制单：

图 4-22　记账凭证 7

记 账 凭 证

年　月　日　　　　　　　　　　　　　　字第　号

摘　要	总账科目	明细科目	借方金额										贷方金额										账页或√
			千	百	十	万	千	百	十	元	角	分	千	百	十	万	千	百	十	元	角	分	
附属单证	张	合　计																					

会计主管：　　　　　　记账：　　　　　　审核：　　　　　　制单：

图 4-23　记账凭证 8

6. 科目汇总表的编制

（1）业务资料

某企业根据 2019 年 8 月 1～10 日所发生的经济业务填制的记账凭证见表 4-1（以会计分录代替）。

表 4-1　2019 年 8 月 1～10 日的记账凭证

单位：元

凭证编号	借方科目	金　额	贷方科目	金　额
转 1	固定资产	300 000.00	实收资本	300 000.00
银收 1	银行存款	18 000.00	应收账款	18 000.00
现付 1	其他应收款	800.00	库存现金	800.00
银付 1	库存现金	1 500.00	银行存款	1 500.00
银收 2	银行存款	100 000.00	短期借款	100 000.00
转 2	盈余公积	20 000.00	实收资本	20 000.00
转 3	生产成本 制造费用 管理费用	36 000.00 6 000.00 2 000.00	原材料	44 000.00
银付 2	库存现金	15 000.00	银行存款	15 000.00
现付 2	应付职工薪酬	15 000.00	库存现金	15 000.00
银付 3	应付账款	24 000.00	银行存款	24 000.00
转 4	生产成本 制造费用 管理费用	11 000.00 1 600.00 2 400.00	应付职工薪酬	15 000.00
转 5	制造费用 管理费用	3 000.00 2 000.00	累计折旧	5 000.00
银付 4	管理费用	3 000.00	银行存款	3 000.00
银付 5	固定资产	68 000.00	银行存款	68 000.00
银收 3	银行存款	23 500.00	应收账款	23 500.00

（2）训练要求

根据上述记账凭证编制该企业 2019 年 8 月 1～10 日的科目汇总表，见表 4-2。

表 4-2　科目汇总表

2019 年 8 月 1～10 日　　单位：元

会计科目	借方发生额	贷方发生额

续表

会计科目	借方发生额	贷方发生额

第 5 章 认知和登记会计账簿

一、判断题

1．总分类账只能进行金额核算，提供价值指标，不提供实物指标；而明细分类账有的只提供价值指标，有的既提供价值指标，又提供实物指标。（　　）

2．会计人员根据记账凭证登记会计账簿时，误将 100 元记为 1 000 元，更正这种记账错误应采用红字更正法。（　　）

3．各企业都必须按照统一规定设置分类账。（　　）

4．订本式账簿在平时记账时可以临时增减账页，使用后按实际使用页数装订。（　　）

5．账证核对就是期末将账簿记录与会计凭证逐笔进行核对。（　　）

6．月末，企业银行存款的实有余额为本月银行对账单余额加上企业已收、银行未收款项，减去企业已付、银行未付的款项。（　　）

7．月末，企业应根据银行存款余额调节表中调整后的余额进行账务处理，使企业银行存款日记账的余额与调整后的余额一致。（　　）

8．年终决算前对财产物资所进行的清查一般属于全面清查。（　　）

9．在清查盘点实物时，由盘点人员单方面清点即可，保管人员不需在场。（　　）

10．各种往来结算款项的清查，必须派人亲自到对方单位核对。（　　）

二、单项选择题

1．“应收账款”明细分类账的格式一般采用（　　）。

A．多栏式　　B．订本式　　C．数量金额式　　D．三栏式

2．多栏式明细分类账格式一般适用于（　　）。

A．债权、债务类账户　　B．财产、物资类账户

C．费用成本类和收入成果类账户　　D．货币资金类账户

3．按照经济业务发生时间的先后顺序逐日逐笔进行登记的会计账簿是（　　）。

A．总分类账　　B．序时账　　C．备查账　　D．明细分类账

4．下列关于库存现金及银行存款日记账月末结账的做法的表述，正确的是（　　）。

A．应在“本月合计”栏下面通栏画单红线

B．应在“本月合计”栏下面通栏画双红线

C．应在“本年累计”栏下面通栏画单红线

D．应在“本年累计”栏下面通栏画双红线

5．会计人员在填制记账凭证时，将 860 元误记为 680 元，并已登记入账，月末结账时发现该笔错账，采用的错账更正方法是（　　）。

A．划线更正法　　B．补充登记法　　C．红字更正法　　D．核对账目法

6. 月末结账时发现错账，相应记账凭证所用的会计科目正确，只是所填金额大于应填金额，并已登记入账，应采用（　　）更正。

A. 红字更正法　B. 划线更正法　C. 补充登记法　D. 平行登记法

7. 下列关于从银行提取库存现金业务的做法的表述，正确的是（　　）。

A. 根据库存现金收款凭证登记银行存款日记账

B. 根据银行存款付款凭证登记库存现金日记账和银行存款日记账

C. 根据库存现金收款凭证登记库存现金日记账

D. 根据银行存款付款凭证和库存现金收款凭证登记库存现金日记账和银行存款日记账

8. 对财产物资进行清查的目的是要达到（　　）。

A. 账账相符　B. 账证相符　C. 账实相符　D. 账表相符

9. 出纳人员每日业务终了应对现金进行清点，属于（　　）。

A. 局部清查和不定期清查　B. 局部清查和定期清查

C. 全面清查和定期清查　D. 全面清查和不定期清查

10. 现金清查采用的方法是（　　）。

A. 函证核对法　B. 实地盘点法　C. 抽样检验法　D. 技术推算法

11. 在记账无误的情况下，银行对账单与企业银行存款日记账账面余额不一致是由（　　）造成的。

A. 坏账损失　B. 应付账款　C. 应收账款　D. 未达账项

12. 下列对账工作中，属于账实核对的是（　　）。

A. 会计部门的财产物资明细分类账与财产物资保管部门的有关明细分类账核对

B. 总分类账与所属明细分类账核对

C. 企业银行存款日记账与对账单核对

D. 总分类账与日记账核对

13. 可以跨年度连续使用的会计账簿是（　　）。

A. 总分类账　B. 明细分类账　C. 备查账　D. 日记账

14. 账账核对不包括（　　）。

A. 总分类账与所属明细分类账之间的核对

B. 总分类账与备查账的核对

C. 总分类账各账户余额的核对

D. 总分类账与日记账的核对

15. 企业不需要对其财产进行全面清查的情况是（　　）。

A. 年终决算前　B. 企业进行股份制改制前

C. 更换仓库保管员　D. 企业破产

三、多项选择题

1. 下列需要采用订本式账簿的有（　　）。

A. 现金日记账　B. 库存商品明细分类账

C. 银行存款日记账　D. 总分类账

2．会计账簿按其用途不同，可以分为（　　）。

A．总分类账　　B．备查账　　C．日记账　　D．分类账

3．红字更正法适用于（　　）。

A．记账前，发现记账凭证上的文字和数字有误

B．记账后，发现原记账凭证上应借、应贷科目填错

C．记账后，发现原记账凭证上所填金额小于应填金额

D．记账后，发现原记账凭证上所填金额大于应填金额

4．明细分类账账页格式一般有（　　）。

A．三栏式　　B．多栏式　　C．数量金额式　D．横线登记式

5．下列应采用数量金额式的明细分类账是（　　）。

A．“固定资产”明细分类账　　B．“实收资本”明细分类账

C．“原材料”明细分类账　　D．“库存商品”明细分类账

6．会计账簿中，可以采用红色墨水笔记账的是（　　）。

A．采用红字冲销法，冲销错误记录

B．在不设“借方”“贷方”栏的多栏式账页中，登记减少数

C．在三栏式账户的余额前，如未印明借贷方向的，在“余额”栏内登记负数余额

D．会计制度规定的可以用红字登记的其他会计记录

7．不定期清查，一般在（　　）时进行。

A．企业财产被盗　　B．财产保管员变动

C．自然灾害造成部分财产损失　　D．部分财产霉变

8．银行存款的清查，须将（　　）互相进行逐笔勾对。

A．银行存款日记账　　B．银行存款总账

C．银行对账单　　D．支票登记簿

9．常用的实物资产的清查方法包括（　　）。

A．技术推算法　　B．实地盘点法　　C．函证核对法　　D．抽样盘存法

10．下列关于结出账户余额的规定的说法，正确的有（　　）。

A．结出账户余额后，应当在“借或贷”栏内注明“借”或“贷”字，以示余额方向

B．对于没有余额的账户，应在“借或贷”栏内注明“平”字，并在“余额”栏用“Q”表示

C．现金日记账和银行存款日记账必须逐日结出余额

D．现金日记账和银行存款日记账必须逐笔结出余额

四、技能训练题

1．登记总分类账和明细分类账

（1）业务资料

2019年7月1日，海滨公司“原材料”总分类账借方余额为225 000元，其中：甲材

料 2 000 千克，每千克 55 元，计 110 000 元；乙材料 5 000 千克，每千克 23 元，计 115 000 元。海滨公司 2019 年 7 月发生如下经济业务。

1）5 日，向 A 公司购入甲材料 800 千克，单价 55 元，货款 44 000 元；购入乙材料 2 000 千克，单价 23 元，价款 46 000 元。材料已验收入库，款项尚未支付。

2）10 日，向 B 公司购入甲材料 2 000 千克，单价 55 元，价款 110 000 元，材料已验收入库，款项尚未支付。

3）16 日，生产车间为生产产品领用材料，其中：领用甲材料 1 400 千克，单价 55 元，价值 77 000 元；领用乙材料 3 000 千克，单价 23 元，价值 69 000 元。

4）28 日，向 A 公司购入乙材料 1 600 千克，单价 23 元，价款 36 800 元，材料已验收入库，款项已支付。

（2）训练要求

1）根据以上经济业务填制相应的记账凭证，见图 5-1～图 5-4。

记　账　凭　证

年　月　日　　　　字第　号

摘　要	总账科目	明细科目	借方金额										贷方金额										账页或√
			千	百	十	万	千	百	十	元	角	分	千	百	十	万	千	百	十	元	角	分	
附属单证	张	合　计																					

会计主管：　　　　记账：　　　　审核：　　　　制单：

图 5-1　记账凭证 1

记　账　凭　证

年　月　日　　　　字第　号

摘　要	总账科目	明细科目	借方金额										贷方金额										账页或√
			千	百	十	万	千	百	十	元	角	分	千	百	十	万	千	百	十	元	角	分	
附属单证	张	合　计																					

会计主管：　　　　记账：　　　　审核：　　　　制单：

图 5-2　记账凭证 2

记 账 凭 证

年 月 日　　　　字第 号

摘　要	总账科目	明细科目	借方金额										贷方金额										账页或√
			千	百	十	万	千	百	十	元	角	分	千	百	十	万	千	百	十	元	角	分	
附属单证	张	合　计																					

会计主管：　　　　记账：　　　　审核：　　　　制单：

图 5-3　记账凭证 3

记 账 凭 证

年 月 日　　　　字第 号

摘　要	总账科目	明细科目	借方金额										贷方金额										账页或√
			千	百	十	万	千	百	十	元	角	分	千	百	十	万	千	百	十	元	角	分	
附属单证	张	合　计																					

会计主管：　　　　记账：　　　　审核：　　　　制单：

图 5-4　记账凭证 4

2）登记“原材料”总分类账和明细分类账，并结出其本期发生额及期末余额，见图 5-5～图 5-7。

总分类账

会计科目：原材料　　　　第 页

年		凭证		摘要	借方金额											√	贷方金额											√	借或贷	余额											√
月	日	字	号		亿	千	百	十	万	千	百	十	元	角	分		亿	千	百	十	万	千	百	十	元	角	分			亿	千	百	十	万	千	百	十	元	角	分	

图 5-5　“原材料”总分类账

原材料明细分类账

计量单位：千克　　存放地点：　　类别：主要材料　　货名：甲材料　　单位：元

年		凭证		摘要	收（借）入											发（贷）出											结（余）存											核对
月	日	种类	号数		数量	单价	金额									数量	单价	金额									数量	单价	金额									
							百	十	万	千	百	十	元	角	分			百	十	万	千	百	十	元	角	分			百	十	万	千	百	十	元	角	分	

图 5-6　“原材料”明细分类账（甲材料）

原材料明细分类账

计量单位：千克　　存放地点：　　类别：主要材料　　货名：乙材料　　单位：元

年		凭证		摘要	收（借）入											发（贷）出											结（余）存											核对
月	日	种类	号数		数量	单价	金额									数量	单价	金额									数量	单价	金额									
							百	十	万	千	百	十	元	角	分			百	十	万	千	百	十	元	角	分			百	十	万	千	百	十	元	角	分	

图 5-7　“原材料”明细分类账（乙材料）

2. 错账更正

（1）业务资料

珠江公司 2019 年 8 月末核对账目，发现下列问题。

1）8 日，用银行存款支付广告费 32 500 元，原记账凭证填制为

借：销售费用　　32 500.00

　　贷：银行存款　　32 500.00

并据以登记入账，“银行存款”账户贷方登记为 35 000 元。

2）15 日，厂部报销办公费 200 元，用现金支付，原记账凭证填制为

借：制造费用　　200.00

　　贷：库存现金　　200.00

并据以登记入账。

3）20 日，从银行提取现金 2 000 元备用，原记账凭证填制为

借：库存现金　　20 000.00

贷：银行存款　　20 000.00

并据以登记入账。

4）25日，以银行存款购置设备一台，价款853 000元，原记账凭证为

借：固定资产　　835 000.00

贷：银行存款　　835 000.00

并据以登记入账。

（2）训练要求

判断上述资料所列账证记录的错误类型，并予以更正。

题号	错误类型	更正方法	更正结果
1			
2			
3			
4			

3. 编制银行存款余额调节表

（1）业务资料

某企业2019年9月25～30日银行存款日记账和银行对账单内容见图5-8和图5-9。

银行存款日记账

2019年		凭证		摘要	结算凭证		借方	贷方	余额
月	日	字	号		种类	号数			
9	24			余额					300 000.00
9	25	银付	38	支付购料款	转支	21		250 000.00	
9	26	银付	39	支付广告费	转支	22		2 000.00	
9	27	银收	18	收到销货款	电汇		226 000.00		
9	28	银付	40	支付购料款	电汇			80 000.00	
9	30	银付	41	支付修理费	转支	23		3 500.00	
9	30	银收	19	收到销货款	转支	127	180 000.00		370 500.00

图5-8 银行存款日记账

银行对账单

2019年		结算方式		借方	贷方	余额
月	日	类别	号码			
9	24					300 000.00
9	27	电汇			226 000.00	
9	28	转支	22	2 000.00		
9	28	转支	21	250 000.00		
9	28	信汇		23 000.00		
9	28	汇票	148		3 200.00	
9	30	信汇			60 000.00	
9	30	电汇		90 000.00		224 200.00

图 5-9　银行对账单

（2）训练要求

根据上述资料确定未达账项，并编制银行存款余额调节表，见表 5-1。

表 5-1　银行存款余额调节表

2019 年 9 月 30 日　　单位：元

项目	金额	项目	金额
银行存款日记账余额 加：银行已收，企业未收 减：银行已付，企业未付		银行对账单余额 加：企业已收，银行未收 减：企业已付，银行未付	
调节后的存款余额		调节后的存款余额	

4. 财产清查的会计核算

（1）业务资料

某企业 2019 年 9 月 30 日对财产物资进行清查时，发现下列情况。

1）库存 101#产品账面结存数量 1 500 件，单位成本 20 元，金额 30 000 元。实存 1 485 件，盘亏 15 件，价值 300 元。经查明，10 件系保管人员过失所致，经批准，责令赔偿；5 件为收发计量错误原因造成，经批准计入管理费用。

2）甲材料账面结存数量 300 千克，每千克 30 元，金额 9 000 元，全部毁损，作为废料处理，计价 500 元。经查明系自然灾害所致，其损失经批准作为非常损失处理。

3）乙材料账面结存数量 120 吨，每吨成本 100 元，价值 12 000 元，实存 118 吨，盘亏 2 吨，价值 200 元。经查明属于定额内损耗，经批准转销处理。

（2）训练要求

根据以上资料，编制财产清查结果审批前后相关的会计分录。

题号	查明原因前的会计分录	报经批准后的会计分录
1		
2		
3		

第6章　认知和编制财务报表

一、判断题

1．企业财务报表的编制基础是权责发生制。（　　）

2．“投资收益”“资产减值损失”“其他业务利润”都会影响企业的营业利润。（　　）

3．财务报表应当根据严格审核的会计账簿记录和有关资料编制。（　　）

4．由于正值元旦放假，为尽快完成财务报表编制工作，企业可以提前结账，提前编制财务报表。（　　）

5．资产负债表是反映企业一定报告期间财务状况的报表。（　　）

6．资产负债表是总括反映企业某一特定日期资产、负债和所有者权益情况的动态报表，通过它可以了解企业资产的构成、资金的来源构成和企业债务偿还能力。（　　）

7．资产负债表中的“固定资产”项目，应根据“固定资产”账户余额减去“累计折旧”“固定资产减值准备”等账户的期末余额后的金额填列。（　　）

8．利润表可以帮助报表使用者全面了解企业的财务状况，分析企业的偿债能力，从而为未来的经济决策提供参考信息。（　　）

9．利润表是反映企业在一定会计期间经营成果的财务报表。（　　）

10．利润表属于年度报表，所以年末才需要编制。（　　）

二、单项选择题

1．财务报表按（　　）不同，可以分为个别财务报表和合并财务报表。

A．经济内容　　B．编报主体　　C．服务对象　　D．编报时间

2．我国资产负债表采用的格式是（　　）。

A．报告式　　B．单步式　　C．多步式　　D．账户式

3．下列各项中，作为资产负债表中资产项目的排列顺序标准的是（　　）。

A．资产的重要性　　B．资产的时间性

C．资产的流动性　　D．资产的收益性

4．编制资产负债表时，“预收账款”账户所属明细账户的借方余额应填列在（　　）项目中。

A．“预收款项”　　B．“应收账款”

C．“预付款项”　　D．“应付账款”

5．下列各项中，属于年末资产负债表中“未分配利润”项目填列依据的是（　　）。

A．“本年利润”账户的贷方余额

B．“本年利润”账户的贷方余额减去“利润分配”账户的贷方余额

C．“本年利润”账户的贷方余额加上“利润分配”账户的贷方余额

D．“利润分配”账户的年末贷方余额或借方余额

6．根据“资产＝负债＋所有者权益”这一平衡公式填列的报表是（　　）。

A．利润表　　B．利润分配表

C．资产负债表　　D．现金流量表

7．利润表中的“净利润”是企业的利润总额扣除（　　）后的净额。

A．所得税费用　　B．盈余公积　　C．应付股利　　D．营业利润

8．下列选项中，可以帮助会计信息使用者评价企业的资产质量，以及短期偿债、长期偿债能力的报表是（　　）。

A．资产负债表　　B．利润表

C．现金流量表　　D．所有者权益变动表

9．下列关于编制利润表依据的表述，正确的是（　　）。

A．资产、负债及所有者权益各账户的本期发生额

B．资产、负债及所有者权益各账户的期末余额

C．损益类各账户的期末余额

D．损益类各账户的本期发生额

10．某企业全部损益类账户的本月发生额如下：营业收入 800 万元，营业成本 500 万元，税金及附加 86 万元，销售费用 50 万元，管理费用 40 万元，财务费用 10 万元，营业外收入 5 万元，所得税费用 44 万元，则利润表中“营业利润”项目的本期金额为（　　）万元。

A．300　　B．114　　C．204　　D．160

三、多项选择题

1．企业的财务报表至少应包括（　　）。

A．资产负债表　　B．利润表　　C．现金流量表　　D．附注

2．下列财务报表中，属于动态报表的是（　　）。

A．资产负债表　　B．利润表　　C．现金流量表　　D．资金报表

3．资产负债表分为左右两方，右方是（　　）项目。

A．“资产”　　B．“负债”　　C．“所有者权益”　　D．“利润”

4．资产负债表的表头通常应列明（　　）。

A．报表名称　　B．编报单位名称

C．资产负债表日　　D．人民币金额单位

5．资产负债表中的“货币资金”项目应根据（　　）账户的期末余额填列。

A．“库存现金”　　B．“银行存款”

C．“其他流动资金”　　D．“其他货币资金”

6．下列各项中属于资产负债表提供的信息的有（　　）。

A．企业资产的构成及其状况　　B．企业的负债总额及其结构

C．企业利润的形成情况　　D．企业所有者权益情况

7. 影响资产负债表中的“预付款项”项目的有（　　）。
   A.“应付账款”明细项目贷方余额　B.“应付账款”明细项目借方余额
   C.“预付账款”明细项目贷方余额　D.“预付账款”明细项目借方余额
8. 下列项目中，可以根据其总账账户余额直接在资产负债表中填列的有（　　）。
   A.“应收账款”　B.“应付账款”　C.“实收资本”　D.“交易性金融资产”
9. 多步式利润表可以反映企业的（　　）等利润要素。
   A. 每股收益　B. 营业利润　C. 利润总额　D. 净利润
10. 下列关于利润表的表述，正确的有（　　）。
    A. 利润表根据有关账户发生额编制
    B. 利润表是动态报表
    C. 利润表是反映财务状况的报表
    D. 利润表是反映经营成果的报表

四、技能训练题

1. 编制资产负债表

（1）业务资料

某公司 2019 年 8 月 31 日各总分类账户期末余额见表 6-1。

表 6-1　各总分类账户期末余额表

2019 年 8 月 31 日　　单位：元

账户名称	借方余额	账户名称	贷方余额
库存现金	5 740.00	短期借款	65 000.00
银行存款	124 800.00	应付票据	53 000.00
应收账款	150 000.00	应付账款	89 000.00
应收票据	125 000.00	预收账款	71 000.00
预付账款	5 100.00	应付职工薪酬	11 200.00
交易性金融资产	60 000.00	应交税费	8 400.00
其他应收款	10 000.00	应付股利	10 000.00
在途物资	140 000.00	其他应付款	22 750.00
原材料	89 000.00	累计折旧	38 000.00
周转材料	15 000.00	累计摊销	30 000.00
库存商品	97 000.00	长期借款	850 000.00
生产成本	56 000.00	实收资本	1 500 000.00
长期股权投资	425 700.00	资本公积	150 000.00
工程物资	60 000.00	盈余公积	205 000.00
固定资产	1 650 000.00	本年利润	60 750.00
在建工程	130 000.00	利润分配	45 560.00
无形资产	66 320.00		
合计	3 209 660.00	合计	3 209 660.00

（2）训练要求

根据上述资料，编制该公司的资产负债表（表 6-2）。

表 6-2　资产负债表（简表）

会企表 01

编制单位：　　　　　　　　　　年　月　日　　　　　　　　　　单位：元

资产	期末余额	负债和所有者权益（或股东权益）	期末余额
流动资产：		流动负债：	
货币资金		短期借款	
以公允价值计量且其变动计入当期损益的金融资产		应付票据	
应收票据		应付账款	
应收账款		预收款项	
预付款项		应付职工薪酬	
其他应收款		应交税费	
存货		其他应付款	
其他流动资产		其他流动负债	
流动资产合计		流动负债合计	
非流动资产：		非流动负债：	
长期应收款		长期借款	
长期股权投资		长期应付款	
投资性房地产		其他非流动负债	
固定资产		非流动负债合计	
在建工程		负债合计	
生产性生物资产		所有者权益：	
无形资产		实收资本（或股本）	
开发支出		资本公积	
长期待摊费用		盈余公积	
其他非流动资产		未分配利润	
非流动资产合计		所有者权益（或股东权益）合计	
资产总计		负债和所有者权益（或股东权益）总计	

单位负责人：　　　　　　　　　　财务负责人：　　　　　　　　　　制表人：

2. 编制利润表

（1）业务资料

某公司 2019 年 8 月各损益类账户净发生额见表 6-3。

表 6-3　各损益类账户净发生额表

账户名称	本期借方发生额	本期贷方发生额
主营业务收入		860 000.00
主营业务成本	380 000.00	
税金及附加	45 000.00	

续表

账户名称	本期借方发生额	本期贷方发生额
管理费用	40 000.00	
销售费用	112 000.00	
财务费用	13 000.00	
其他业务收入		105 000.00
其他业务成本	69 000.00	
投资收益	20 000.00	
营业外收入		30 000.00
营业外支出	18 000.00	

（2）训练要求

根据上述资料，编制该公司的利润表（表 6-4）。

表 6-4　利润表

会企表 01

编制单位：　　　　　　　　　　年　　月　　　　　　　　　　单位：元

项目	本期金额	上期金额
一、营业收入		
减：营业成本		
税金及附加		
销售费用		
管理费用		
研发费用		
财务费用		
其中：利息费用		
利息收入		
资产减值损失		
信用减值损失		
加：其他收益		
投资收益（损失以“－”号填列）		
公允价值变动收益（损失以“－”号填列）		
资产处置收益（损失以“－”号填列）		
二、营业利润（亏损以“－”号填列）		
加：营业外收入		
减：营业外支出		
三、利润总额（亏损总额以“－”号填列）		
减：所得税费用		
四、净利润（净亏损以“－”号填列）		
（一）持续经营净利润（净亏损以“－”号填列）		
（二）终止经营净利润（净亏损以“－”号填列）		

企业盖章：　　　　单位负责人：　　　　财务负责人：　　　　制表：

第7章　认知会计核算程序与要求

一、判断题

1．常用的账务处理程序之间的区别在于登记总分类账的程序和方法不同。（　　）

2．各种账务处理程序下，会计报表的编制方法都是相同的。（　　）

3．采用科目汇总表核算程序，既可以减轻登记总分类账的工作量，也可以做到试算平衡。（　　）

4．汇总记账凭证核算程序和科目汇总表核算程序都适用于规模较大、经济业务较多的单位。（　　）

5．科目汇总表核算程序能够科学地反映账户的对应关系，且便于账目核对。（　　）

6．由于各个企业的业务性质、组织规模和管理上的要求不同，企业应根据自身的特点，选择恰当的会计核算程序。（　　）

7．记账凭证核算程序是最基本的会计核算程序，其特点就是登记会计账簿的工作量较小。（　　）

8．相同的会计资料即使分别采用不同的会计核算程序，编制的财务报表结果也是一致的。（　　）

9．汇总记账凭证核算程序不利于会计核算的日常分工，并且当转账凭证较多时，编制汇总转账凭证的工作量较大。（　　）

10．科目汇总表可每月编制一张，按旬汇总，也可每旬汇总一次、编制一张。（　　）

二、单项选择题

1．记账凭证核算程序适用于（　　）的单位。

A．规模较小、业务量较少　　　B．规模较小、业务量较多

C．规模较大、业务量较少　　　D．规模较大、业务量较多

2．科目汇总表核算程序的优点是（　　）。

A．详细反映经济业务的发生情况　　B．可以做到试算平衡

C．便于了解账户之间的对应关系　　D．处理程序简便

3．汇总记账凭证核算程序的优点是（　　）。

A．有利于会计核算的日常分工

B．便于了解账户之间的对应关系

C．手续简便

D．便于试算平衡

4．在科目汇总表核算程序下，所有记账凭证中的科目对应关系必须是（　　）。

A．一个借方科目与几个贷方科目相对应

B．一个借方科目与一个贷方科目相对应

C. 几个借方科目与一个贷方科目相对应
D. 几个借方科目与几个贷方科目相对应

5. 各种会计核算程序的主要区别是（　　）。
A. 登记明细分类账的依据不同　　B. 登记总分类账的依据和方法不同
C. 记账的程序不同　　D. 记账的方法不同

6. 下列各项中，对所发生的经济业务事项，根据原始凭证或汇总原始凭证编制记账凭证，然后直接根据记账凭证逐笔登记总分类账的是（　　）。
A. 记账凭证核算程序　　B. 汇总记账凭证核算程序
C. 科目汇总表核算程序　　D. 日记账核算程序

7. 采用科目汇总表核算程序时，登记总分类账的直接依据是（　　）。
A. 汇总记账凭证　　B. 科目汇总表
C. 记账凭证　　D. 原始凭证

8. 科目汇总表核算程序与汇总记账凭证核算程序的共同优点是（　　）。
A. 简单明了，易于理解
B. 减轻了总分类账登记的工作量
C. 可以进行试算平衡
D. 总分类账可以较详细地反映经济业务的发生情况

9. 下列各项中，属于记账凭证核算程序优点的是（　　）。
A. 总分类账反映经济业务较详细　　B. 减轻了登记总分类账的工作量
C. 有利于会计核算的日常分工　　D. 便于核对账目和进行试算平衡

10. 汇总记账凭证核算程序的适用范围是（　　）。
A. 规模较小、业务较少的单位　　B. 规模较大、业务较少的单位
C. 规模较大、业务较多的单位　　D. 规模较小、业务较多的单位

三、多项选择题

1. 各种会计核算程序的相同之处有（　　）。
A. 根据原始凭证填制记账凭证
B. 根据原始凭证和记账凭证登记明细分类账
C. 根据记账凭证登记总分类账
D. 根据总分类账和明细分类账编制会计报表

2. 单位在设计企业会计核算程序时，应符合下列要求中的（　　）。
A. 要适合本单位特点，满足会计核算的要求
B. 要有利于及时、准确地反映本单位经济活动情况
C. 要有利于提高会计工作效率
D. 要有利于满足会计信息使用者的需要

3. 下列各会计核算程序表述正确的有（　　）。
A. 科目汇总表核算程序是在记账凭证核算程序基础上发展而来的，记账凭证核算

程序是最基本的一种会计核算程序

B．记账凭证核算程序适用于规模较小、经济业务较多的单位

C．科目汇总表核算程序适用于经济业务较多的单位

D．汇总记账凭证核算程序适用于规模较大、经济业务较少的单位

4．总分类账登记的依据有（ ）。

A．记账凭证 B．原始凭证 C．科目汇总表 D．记账凭证汇总表

5．科目汇总表核算程序的优点是（ ）。

A．减轻登记总分类账的工作量 B．可起到试算平衡的作用

C．便于分析经济业务的来龙去脉 D．对应关系清晰

6．各种会计核算程序的相同之处包括（ ）。

A．根据原始凭证或原始凭证汇总表编制记账凭证

B．根据收款凭证、付款凭证登记日记账

C．根据记账凭证登记总分类账

D．月末，总分类账余额与日记账余额和各种明细分类账余额相核对

7．记账凭证核算程序一般适用于（ ）的单位。

A．经营规模较大 B．经济业务较多

C．经营规模较小 D．经济业务较少

8．在科目汇总表核算程序下，记账凭证是用来（ ）的依据。

A．登记现金日记账 B．登记银行存款日记账

C．登记总分类账 D．编制科目汇总表

四、技能训练题

1. 业务资料

广东倍家科技有限公司 2019 年 8 月 1 日“银行存款”账户余额为 685 000 元。8 月发生银行存款相关业务如下。

1）8 月 6 日，开出转账支票，支付前欠广东蓝波塑料有限公司（以下简称蓝波塑料）货款 56 500 元。

2）8 月 12 日，收到开户银行转来的收账通知书，收到广东双林电器有限公司（以下简称双林电器）货款 90 400 元。

3）8 月 20 日，向广东华利电子有限公司采购电路板一批，货款 40 000 元，增值税税率为 13%，以银行存款支付，电路板已验收入库。

4）8 月 25 日，向广东新怡百货有限公司销售电磁炉一批，开出增值税专用发票，发票注明价款为 60 000 元，增值税税率为 13%，产品已发出，货款已收妥。

2. 训练要求

1）编制相关业务的会计分录与记账凭证，见图 7-1～图 7-4。

记 账 凭 证

年 月 日　　　　字第 号

摘 要	总账科目	明细科目	借方金额										贷方金额										账页或√
			千	百	十	万	千	百	十	元	角	分	千	百	十	万	千	百	十	元	角	分	
附属单证	张	合 计																					

会计主管：　　记账：　　审核：　　制单：

图 7-1 记账凭证 1

记 账 凭 证

年 月 日　　　　字第 号

摘 要	总账科目	明细科目	借方金额										贷方金额										账页或√
			千	百	十	万	千	百	十	元	角	分	千	百	十	万	千	百	十	元	角	分	
附属单证	张	合 计																					

会计主管：　　记账：　　审核：　　制单：

图 7-2 记账凭证 2

记 账 凭 证

年 月 日　　　　字第 号

摘 要	总账科目	明细科目	借方金额										贷方金额										账页或√
			千	百	十	万	千	百	十	元	角	分	千	百	十	万	千	百	十	元	角	分	
附属单证	张	合 计																					

会计主管：　　记账：　　审核：　　制单：

图 7-3 记账凭证 3

记 账 凭 证

年　月　日　　　　字第　号

摘　要	总账科目	明细科目	借方金额										贷方金额										账页或√
			千	百	十	万	千	百	十	元	角	分	千	百	十	万	千	百	十	元	角	分	
附属单证　张		合　计																					

会计主管：　　　　记账：　　　　审核：　　　　制单：

图 7-4　记账凭证 4

2）编制科目汇总表，见图 7-5。

科目汇总表

编号：　　　　年　月　日至　日　　　　凭证第　号至第　号共　张

会计科目	本期发生额																						账页或√
	借方金额											贷方金额											
	亿	千	百	十	万	千	百	十	元	角	分	亿	千	百	十	万	千	百	十	元	角	分	
合计																							

会计主管：　　　　记账：　　　　审核：　　　　制单：

图 7-5　科目汇总表

3）登记银行存款日记账，见图 7-6。

银行存款日记账

年		凭证号数		摘要	支票		对方科目	存入（收款）											支取（付款）											结余											核对
月	日	收款	付款		种类	号数		亿	千	百	十	万	千	百	十	元	角	分	亿	千	百	十	万	千	百	十	元	角	分	亿	千	百	十	万	千	百	十	元	角	分	

图 7-6　银行存款日记账

4）采用科目汇总表核算程序登记银行存款总分类账，见图 7-7。

总分类账

会计科目：银行存款　　　　第　　页

年		凭证		摘要	借方金额											√	贷方金额											√	借或贷	余额											√
月	日	字	号		亿	千	百	十	万	千	百	十	元	角	分		亿	千	百	十	万	千	百	十	元	角	分			亿	千	百	十	万	千	百	十	元	角	分	

图 7-7　总分类账

第 8 章　整理与保管会计资料

一、判断题

1．会计凭证的保管期限一般为 15 年。（　　）

2．会计凭证是单位的重要经济档案和历史资料，在传递过程中，凡使用会计凭证的会计人员都有责任将其保管好，存档后由专人管理。（　　）

3．年度终了后，会计凭证可暂由会计机构保管 1 年，期满后应由会计机构移交给本单位档案机构统一保管。（　　）

4．总分类账、日记账和明细分类账每年都要更换一次，年度结账后，所有会计账簿都要及时整理立卷，装订归档。（　　）

5．会计凭证装订时，应将其整理对齐，在右上角打孔装订，并加盖封面。（　　）

6．当年形成的会计档案在会计年度终了，编制成册之后，必须移交本单位的档案管理部门保管。（　　）

7．会计档案的保管期限，从会计资料建档的第一天算起。（　　）

8．单位应当定期对已到保管期限的会计档案进行鉴定，对保管期限已满的会计档案应当按照法定程序全部销毁。（　　）

9．单位保存的会计档案一般不得对外借出。确因工作需要且根据国家有关规定必须借出的，应当严格按照规定办理相关手续。（　　）

10．各单位当年形成的会计档案，必须在会计年度终了后 3 个月内移交单位档案管理机构保管。（　　）

二、单项选择题

1．年度财务报表的保管期限是（　　）。

A．5 年　　B．10 年　　C．30 年　　D．永久

2．按《会计档案管理办法》的规定，下列不属于会计档案范围的是（　　）。

A．会计凭证　　B．会计移交清册

C．会计档案销毁清册　　D．年度财务预算

3．下列关于会计凭证装订的说法，不正确的是（　　）。

A．会计凭证一般每月装订一次

B．装订前要分类整理，按凭证编号顺序排列

C．检查附件是否齐全、有关人员签章是否齐全

D．保留凭证内的金属物

4．某企业会计档案销毁工作中的下列做法，符合会计法律制度的是（　　）。

A．由档案部门会同会计部门销毁会计档案

B．将所有保管期满的会计档案全部销毁

C．由档案部门负责人与会计部门负责人在会计档案销毁清册上签字，并进行监销

D．未将会计档案销毁事项报告单位负责人

5．当年形成的会计档案，在会计年度终了后，可由单位会计管理机构临时保管（　　），再移交单位档案管理机构保管。

A．半年　　B．1年　　C．2年　　D．3年

6．会计档案的保管期限，从（　　）。

A．装订当月终了第一天算起　　B．月度终了第一天算起

C．季度终了第一天算起　　D．会计年度终了后的第一天算起

7．银行存款日记账的保管期限是（　　）。

A．5年　　B．10年　　C．30年　　D．永久

8．下列各项中，最低保管期限为10年的会计档案是（　　）。

A．月度会计报表　　B．明细分类账

C．固定资产卡片　　D．银行存款日记账

9．会计凭证的传递是指（　　），在单位内部有关部门及人员之间的传递程序。

A．从会计凭证的填制至登记会计账簿的过程中

B．从会计凭证的填制或取得时起至归档保管的过程中

C．从会计凭证审核后至归档的过程中

D．从会计凭证的填制或取得至汇总登记会计账簿的过程中

10．下列关于会计凭证保管的说法，不正确的是（　　）。

A．会计凭证应定期装订成册，防止散失

B．会计主管人员和保管人员应在封面上签章

C．原始凭证不得外借，其他单位如有特殊原因确实需要使用时，经本单位会计机构负责人、会计主管人员批准，可以复制

D．经单位领导批准，会计凭证在保管期满前可以销毁

三、多项选择题

1．下列属于会计档案的有（　　）

A．会计凭证　　B．会计账簿　　C．费用预算　　D．会计报表

2．当年形成的会计档案，在会计年度终了后，可由企业（　　）临时保管1年，再移交企业（　　）保管。

A．会计机构　　B．管理机构　　C．档案机构　　D．经营机构

3．下列属于会计档案中其他会计资料的有（　　）。

A．银行对账单　　B．纳税申报表

C．会计档案销毁清册　　D．其他辅助性账簿

4．下列会计资料，应当纳入归档范围的有（　　）。

A．原始凭证　　B．固定资产卡片

C．银行对账单　　D．年度财务会计报告

5．下列企业会计档案中，最低保管期限为 30 年的有（　　）。

A．银行存款余额调节表　　B．总分类账

C．会计档案保管清册　　D．原始凭证

6．下列有关会计档案保管期限的表述中，正确的有（　　）。

A．年度财务报告永久保管　　B．日记账保管 30 年

C．会计凭证保管 10 年　　D．总分类账、明细分类账保管 30 年

7．会计档案的保管期限包括（　　）。

A．永久　　B．5 年　　C．10 年　　D．30 年

8．保管期限为永久的会计档案有（　　）。

A．会计档案保管清册　　B．会计档案移交清册

C．会计档案销毁清册　　D．年度财务会计报告

9．最低保管期限为 30 年的会计档案有（　　）。

A．原始凭证　　B．总分类账　　C．纳税申报表　　D．年度财务报表

10．根据会计法律制度的规定，下列会计档案中不得销毁的有（　　）。

A．保管期未满的会计档案

B．保管期已满的会计档案

C．保管期满但未结清的债权债务原始凭证

D．保管期满但仍有未了事项的原始凭证

技 能 训 练

技能训练题

【核算规则】

1．利用通用记账凭证填制凭证。

2．采用记账凭证核算程序登记总分类账。

3．采用实际成本法核算企业存货。

4．该企业为一般纳税人，增值税税率为13%。

5．计算数据保留两位小数。

【训练要求】

1．填制有关原始凭证。

2．编制各项经济业务的会计分录。

3．填制通用记账凭证并装订成册。

4．登记各账户的总分类账。

5．编制资产负债表与利润表。

一、企业资料

核算企业资料、企业供应商资料及企业客户资料分别见表JN-1～表JN-3。

表JN-1　核算企业资料

项目	内容	项目	内容
企业名称	广东幸福家居有限公司	开户行及行号	中国建设银行东环支行（01692）
开户账号	11682674052	纳税人识别号	440103256268024
地址	广州市番禺区东环路120号	电话	020-56327581
法定代表人	郑裕欣	会计主管	陈健平
会计	杨东梅	出纳	谢晓霞（440102198110252652）
备注	广东幸福家居有限公司于1999年经广州市国税局认定为一般纳税人		

表JN-2　企业供应商资料

名称	开户账号	地址、电话	开户行	行号	纳税人识别号
广东西丽建材有限公司	11606313052	番禺区西丽南路2号，020-56637584	中国建设银行西丽支行	02436	440103568268026
广东梅江木材有限公司	18722683058	梅州市梅江路6号，0753-8835542	中国银行梅江支行	15056	440806835268026
广东芳村机械有限公司	11629413054	芳村区芳村大道2号，020-83682585	中国工商银行芳村支行	12063	440105307268034

表 JN-3　企业客户资料

名称	开户账号	地址、电话	开户行	行号	纳税人识别号
广东新华家居有限公司	11634813054	花都区新华路 72 号，020-36637584	中国工商银行新华支行	12496	440103564568023
广东明光家居有限公司	11676243355	增城市光明路 36 号，020-68682587	中国建设银行光明支行	02532	440102443268027
广东河滨家居有限公司	13657443031	顺德区河滨南路 9 号，0757-67697282	中国银行河滨支行	15032	440306208235036
广东怡景家居有限公司	12934783058	深圳市怡景路 12 号，0755-88396432	中国工商银行怡景支行	12059	440206835254026

二、期初余额

广东幸福家居有限公司 2019 年 7 月 31 日总分类账户期末余额见表 JN-4。

表 JN-4　总分类账户期末余额表

2019 年 7 月 31 日　　单位：元

账户名称	借方余额	账户名称	贷方余额
库存现金	24 000.00	短期借款	161 600.00
银行存款	702 028.80	应付账款	407 600.00
其他货币资金	114 600.00	应付票据	200 000.00
交易性金融资产	83 000.00	预收账款	100 000.00
应收票据	132 000.00	应付股利	64 431.70
应收账款	490 000.00	应付职工薪酬	30 000.00
预付账款	100 000.00	应交税费	53 462.00
其他应收款	14 562.00	其他应付款	20 000.00
在途物资	47 623.20	坏账准备	2 500.00
原材料	286 000.00	累计折旧	347 500.00
周转材料	29 600.00	累计摊销	80 000.00
库存商品	472 000.00	长期借款	2 320 000.00
长期股权投资	80 000.00	实收资本	1 500 000.00
固定资产	4 262 000.00	资本公积	1 280 000.00
在建工程	556 000.00	盈余公积	750 292.80
工程物资	160 000.00	利润分配	436 027.50
无形资产	200 000.00	本年利润	0
合计	7 753 414.00	合计	7 753 414.00

三、预留银行印鉴

预留银行印鉴如下。

广东幸福家居有限公司财务专用章　　郑裕欣

四、经济业务

1）2019 年 8 月 2 日，广东幸福家居有限公司向广东梅江木材有限公司采购材料一批，款项已付，材料已验收入库。相关凭证见图 JN-1～图 JN-3。

广东增值税专用发票

4408241741　　发票联　　№ 421061501

（全国统一发票监制章 国家税务总局 广东省税务局）

开票日期：2019 年 08 月 02 日

购买方	名　　称：广东幸福家居有限公司 纳税人识别号：440103256268024 地 址、电 话：番禺区东环路 120 号　020-56327581 开户行及账号：中国建设银行东环支行 11682674052					密码区	（略）		
货物或应税劳务、服务名称		规格型号	单位	数量	单价	金额		税率	税额
*林业产品*木条			根	3 600	25.00	90 000.00		13%	11 700.00
*林业产品*木板			块	1 500	82.00	123 000.00		13%	15 990.00
合　　计						¥213 000.00			¥27 690.00
价税合计（大写）		⊗贰拾肆万零陆佰玖拾圆整				（小写）¥240 690.00			
销售方	名　　称：广东梅江木材有限公司 纳税人识别号：440806835268026 地 址、电 话：梅州市梅江路 6 号　0753-8835542 开户行及账号：中国银行梅江支行 18722683058					备注	广东梅江木材有限公司 440806835268026 发票专用章		

第三联：发票联 购买方记账凭证

收款人：张泽林　　复核：李立华　　开票人：陈红娜　　销售方：（章）

图 JN-1　增值税专用发票

电 汇 凭 证（回单） 1 No 006890501

第 号 委托日期 年 月 日

汇款人	全 称				收款人	全 称			
	账 号 或住址					账 号 或住址			
	汇 出 地 点		汇出行 名 称			汇 入 地 点		汇入行 名 称	

金额	人民币（大写）	千	百	十	万	千	百	十	元	角	分

汇款用途：	
上列款项已根据委托办理，如需查询，请持此回单来行面谈。	（汇出行盖章）

此联是汇出行给汇款人的回单

图 JN-2 电汇凭证（回单）

收 料 单

2019 年 8 月 2 日 收字第 01501 号

材料名称	规格型号	单位	应收数量	实收数量	金额/元
木条		根	3 600	3 600	90 000.00
木板		块	1 500	1 500	123 000.00

仓库主管：陈德明 验收：李怡华 收料：朱永材

图 JN-3 收料单

2）2019 年 8 月 2 日，广东幸福家居有限公司填写银行本票申请书（图 JN-4），向开户行申请签发银行本票，收款人为广东西丽建材有限公司。

中国建设银行银行本票申请书（存根） 1

申请日期 2019 年 08 月 02 日 第 02501 号

受款单位或个人名称 广东西丽建材有限公司 本票号码 01456206

申请签发 本票金额（大写） 柒万元整 ¥70 000.00

广东幸福家居有限公司财务专用章 郑裕欣

中国建设银行银行本票专用章

申请人名称 广东幸福家居有限公司

申请人地址（或账号）11682674052

申请人签章 银行出纳 复核 记账 验印

此联由申请人签发单位或个人留存，代替记账凭证

图 JN-4 银行本票申请书

3）2019 年 8 月 3 日，广东幸福家居有限公司向广东西丽建材有限公司采购油漆 210 桶，油漆已验收入库，以本月 2 日申请的银行本票结算货款。相关凭证和表单见图 JN-5 和

图 JN-6。

广东增值税专用发票

4401281287 №432363051

全国统一发票监制章 国家税务总局 广东省税务局

开票日期：2019 年 08 月 03 日

购买方	名　　称：广东幸福家居有限公司 纳税人识别号：440103256268024 地 址、电 话：番禺区东环路 120 号 020-56327581 开户行及账号：中国建设银行东环支行 11682674052				密码区	（略）	
货物或应税劳务、服务名称	规格型号	单位	数量	单价	金额	税率	税额
*涂料*油漆		桶	210	280.00	58 800.00	13%	7 644.00
合　计					¥58 800.00		¥7 644.00
价税合计（大写）	⊗陆万陆仟肆佰肆拾肆圆整				（小写）¥66 444.00		
销售方	名　　称：广东西丽建材有限公司 纳税人识别号：440103568268026 地 址、电 话：番禺区西丽南路 2 号 020-56637584 开户行及账号：中国建设银行西丽支行 11606313052				备注	广东西丽建材有限公司 440103568268026 发票专用章	

第三联：发票联 购买方记账凭证

收款人：张佳纯　　复核：李丽芬　　开票人：尚晓娜　　销售方：（章）

图 JN-5　增值税专用发票

收　料　单

2019 年 8 月 3 日　　收字第 01502 号

材料名称	规格型号	单位	应收数量	实收数量	金额/元
油漆		桶	210	210	58 800.00

仓库主管：陈德明　　验收：李怡华　　收料：朱永村

图 JN-6　收料单

4）2019 年 8 月 4 日，广东幸福家居有限公司生产产品领用材料。领料单见图 JN-7 和图 JN-8。

领　料　单

用途：生产书桌　　2019 年 8 月 4 日　　领字第 00531 号

材料名称	规格型号	单位	请领数量	实发数量	金额/元
木条		根	1 400	1 400	
木板		块	600	600	
油漆		桶	60	60	

仓库主管：陈德明　　复核：杨东梅　　发料：朱永村　　制单：梁芳

图 JN-7　领料单 1

领　料　单

用途：生产餐桌　　2019 年 8 月 4 日　　领字第 00532 号

材料名称	规格型号	单位	请领数量	实发数量	金额/元
木条		根	1 500	1 500	
木板		块	600	600	
油漆		桶	90	90	

仓库主管：陈德明　　复核：杨东梅　　发料：朱永材　　制单：梁芳

图 JN-8　领料单 2

5）2019 年 8 月 6 日，广东幸福家居有限公司收到广东西丽建材有限公司退回的银行本票多余款。相关凭证见图 JN-9 和图 JN-10。

中国建设银行支票（粤）　　GS 13024051

付款期限自出票之日起十天

出票日期（大写）贰零壹玖 年 捌 月 零陆 日　　付款行名称：中国建设银行西丽支行

收款人：广东幸福家居有限公司　　出票人账号：11606313052

人民币（大写）	千	百	十	万	千	百	十	元	角	分
叁仟伍佰伍拾陆元整				¥	3	5	5	6	0	0

用途 退回多余本票款　　密码

上列款项请从　　行号

我账户内支付

出票人签章　　广东西丽建材有限公司财务专用章　　刘国泰　　复核　　记账

附加信息：	被背书人：	被背书人：
	背书人签章 年　月　日	背书人签章 年　月　日

图 JN-9　转账支票

中国建设银行进账单（回　单）　　1

年　月　日

出票人	全　称		收款人	全　称	
	账　号			账　号	
	开户银行			开户银行	

金额	人民币（大写）	亿	千	百	十	万	千	百	十	元	角	分

票据种类		票据张数		
票据号码				
复核　　记账				开户银行盖章

此联是开户银行交给持（出）票人的回单

图 JN-10　中国建设银行进账单（回单）

6）2019 年 8 月 9 日，广东幸福家居有限公司支付前欠广东梅江木材有限公司材料采购款 41 886 元。相关凭证见图 JN-11。

电 汇 凭 证（回单）　　1　　No 006890502

第　号　　委托日期　年　月　日

汇款人	全　称				收款人	全　称			
	账　号或住址					账　号或住址			
	汇　出地　点		汇出行名　称			汇　入地　点		汇入行名　称	

金额	人民币（大写）	千	百	十	万	千	百	十	元	角	分

汇款用途：	
上列款项已根据委托办理，如需查询，请持此回单来行面谈。	（汇出行盖章）

此联是汇出行给汇款人的回单

图 JN-11　电汇凭证（回单）

7）2019 年 8 月 9 日，广东幸福家居有限公司向广东河滨家居有限公司销售书桌 200 张、餐桌 120 套，开出增值税专用发票（图 JN-12）和产品出库单（JN-13），收到广东河滨家居有限公司签发的为期两个月的商业承兑汇票一张（图 JN-14）。

广东增值税专用发票

4601041141　　　　　　　　　　　　　　　　　　　　№ 201307501

此联不作报销、扣税凭证使用

开票日期：2019 年 08 月 09 日

购买方	名　　称：广东河滨家居有限公司 纳税人识别号：440306208235036 地 址、电 话：顺德区河滨南路 9 号　0757-67697282 开户行及账号：中国银行河滨支行 13657443031				密码区	（略）	
货物或应税劳务、服务名称	规格型号	单位	数量	单价	金额	税率	税额
*家具*书桌		张	200	480.00	96 000.00	13%	12 480.00
*家具*餐桌		套	120	840.00	100 800.00	13%	13 104.00
合　　计					¥196 800.00		¥25 584.00
价税合计（大写）	⊗贰拾贰万贰仟叁佰捌拾肆圆整				（小写）¥222 384.00		
销售方	名　　称：广东幸福家居有限公司 纳税人识别号：440103256268024 地 址、电 话：番禺区东环路 120 号　020-56327581 开户行及账号：中国建设银行东环支行 11682674052				备注		

第一联：记账联　销售方记账凭证

收款人：谢晓霞　　复核：杨东梅　　开票人：王耀林　　销售方：（章）

图 JN-12　增值税专用发票

产品出库单

2019 年 8 月 9 日　　　　　　　　　　第　1501　号

产品名称	规格	型号	单位	数量	单位成本	金额/元
书桌			张	200		
餐桌			套	120		

仓库主管：陈德明　　复核：杨东梅　　发货：朱永材　　制单：梁芳

图 JN-13　产品出库单

商业承兑汇票　　2

出票日期（大写）：贰零壹玖年捌月零玖日　　　　汇票号码：0136351

付款人	全　称	广东河滨家居有限公司	收款人	全　称	广东幸福家居有限公司	
	账　号	13657443031		账　号	11682674052	
	开户银行	中国银行河滨支行		开户银行	中国建设银行东环支行	行号 01692
出票金额		人民币（大写）贰拾贰万贰仟叁佰捌拾肆元整			亿 千 百 十 万 千 百 十 元 角 元 ¥ 2 2 2 3 8 4 0 0	
汇票到期日（大写）		贰零壹玖年零壹拾月零玖日	付款人开户行	行号	15032	
交易合同号码		T004501		地址	顺德区河滨南路	
本汇票已经承兑，到期无条件支付票款。 广东河滨家居有限公司财务专用章　李海林 承兑人签章 承兑日期：2019 年 08 月 09 日			本汇票请予以承兑于到期日付款。 广东河滨家居有限公司财务专用章　李海林 出票人签章			

此联是持票人开户行随托收凭证寄付款人开户行　作借方凭证附件

图 JN-14　商业承兑汇票

8）2019 年 8 月 10 日，广东幸福家居有限公司支付律师咨询费，开具增值税专用发票（图 JN-15）和转账支票（图 JN-16）。

广东增值税专用发票

4401065323　　发票联　　№ 121838065

（全国统一发票监制章 国家税务总局 广东省税务局）

开票日期：2019 年 08 月 10 日

购买方	名　　称：广东幸福家居有限公司 纳税人识别号：440103256268024 地 址、电 话：番禺区东环路 120 号　020-56327581 开户行及账号：中国建设银行东环支行 11682674052				密码区	（略）	
货物或应税劳务、服务名称	规格型号	单位	数量	单价	金额	税率	税额
*其他咨询服务*律师咨询费				2 000.00	2 000.00	6%	120.00
合　　计					¥2 000.00		¥120.00
价税合计（大写）	⊗贰仟壹佰贰拾圆整					（小写）¥2 120.00	
销售方	名　　称：广州市智道律师事务所 纳税人识别号：440106868532603 地 址、电 话：广州中山路 116 号　020-88349999 开户行及账号：中国银行中山支行 11687561462				备注	（广州市智道律师事务所 440106868532603 发票专用章）	

收款人：郑东红　　复核：何耀阳　　开票人：陈晓珊　　销售方：（章）

第三联：发票联 购买方记账凭证

图 JN-15　增值税专用发票

中国建设银行支票存根（粤）	中国建设银行支票（粤）　GS 07384051
GS 07384051 附加信息 出票日期　年　月　日 收款人： 金　额： 用　途： 单位主管　　会计	出票日期（大写）　年　月　日　付款行名称： 收款人：　出票人账号： 人民币（大写）　千 百 十 万 千 百 十 元 角 分 付款期限自出票之日起十天 用途 上列款项请从我账户内支付 出票人签章（广东幸福家居有限公司财务专用章）（郑裕欣） 密码 行号 复核　　记账

图 JN-16　转账支票

<table>
<tr><td>被背书人</td><td>被背书人</td><td rowspan="2">附加信息：</td></tr>
<tr><td>背书人签章
年　月　日</td><td>背书人签章
年　月　日</td></tr>
</table>

（粘贴单处）

根据《中华人民共和国票据法》等法律法规的规定，签发空头支票由中国人民银行处以票面金额5%，但不低于 1 000 元的罚款。

图 JN-16（续）

9）2019 年 8 月 11 日，产品完工入库。产成品入库单见图 JN-17 和图 JN-18。

产成品入库单

2019 年 8 月 11 日　　收字第 501 号

产品名称	规格型号	单位	应收数量	实收数量	金额/元
书桌		张	280	280	

仓库主管：陈德明　　复核：朱永村　　验收：李怡华　　制单：梁芳

图 JN-17　产成品入库单 1

产成品入库单

2019 年 8 月 11 日　　收字第 502 号

产品名称	规格型号	单位	应收数量	实收数量	金额/元
餐桌		套	140	140	

仓库主管：陈德明　　复核：朱永村　　验收：李怡华　　制单：梁芳

图 JN-18　产成品入库单 2

10）2019 年 8 月 12 日，广东幸福家居有限公司向广东新华家居有限公司销售书桌 100 张、餐桌 60 套，开出增值税专用发票，款项已收存银行。相关凭证见图 JN-19～图 JN-22。

4601041141　　　**广东增值税专用发票**　　　№ 201307506

此联不作报销、扣税凭证使用

开票日期：2019 年 08 月 12 日

<table>
<tr><td rowspan="4">购买方</td><td colspan="5">名　　称：广东新华家居有限公司
纳税人识别号：440103564568023
地 址、电 话：花都区新华路 72 号　020-36637584
开户行及账号：中国工商银行新华支行 11634813054</td><td>密码区</td><td colspan="3">（略）</td></tr>
<tr><td>货物或应税劳务、服务名称</td><td>规格型号</td><td>单位</td><td>数量</td><td>单价</td><td>金额</td><td>税率</td><td>税额</td></tr>
<tr><td>*家具*书桌</td><td></td><td>张</td><td>100</td><td>485.00</td><td>48 500.00</td><td>13%</td><td>6 305.00</td></tr>
<tr><td>*家具*餐桌</td><td></td><td>套</td><td>60</td><td>850.00</td><td>51 000.00</td><td>13%</td><td>6 630.00</td></tr>
<tr><td></td><td>合　　计</td><td></td><td></td><td></td><td></td><td>¥99 500.00</td><td></td><td>¥12 935.00</td></tr>
<tr><td colspan="2">价税合计（大写）</td><td colspan="7">⊗壹拾壹万贰仟肆佰叁拾伍圆整　　　（小写）¥112 435.00</td></tr>
<tr><td>销售方</td><td colspan="5">名　　称：广东幸福家居有限公司
纳税人识别号：440103256268024
地 址、电 话：番禺区东环路 120 号　020-56327581
开户行及账号：中国建设银行东环支行 11682674052</td><td>备注</td><td colspan="3"></td></tr>
</table>

第一联：记账联　销售方记账凭证

收款人：谢晓霞　　复核：杨东梅　　开票人：王耀林　　销售方：（章）

图 JN-19　增值税专用发票

产品出库单

2019 年 8 月 12 日　　　　第 1502 号

产品名称	规格	型号	单位	数量	单位成本	金额/元
书桌			张	100		
餐桌			套	60		

仓库主管：陈德明　　复核：杨东梅　　发货：朱永材　　制单：梁芳

图 JN-20　产品出库单

中国工商银行支票（粤）　　GS 07024051

付款期限自出票之日起十天

出票日期（大写）贰零壹玖年捌月壹拾贰日　　付款行名称：中国工商银行新华支行

收款人：广东幸福家居有限公司　　出票人账号：11634813054

人民币（大写）	千	百	十	万	千	百	十	元	角	分
壹拾壹万贰仟肆佰叁拾伍元整		¥	1	1	2	4	3	5	0	0

用途 支付货款　　密码

上列款项请从　　行号

我账户内支付

出票人签章　　广东新华家居有限公司财务专用章　　王德胜　　复核　　记账

附加信息：	被背书人：	被背书人：
	背书人签章 年 月 日	背书人签章 年 月 日

图 JN-21　转账支票

中国建设银行进账单（回　单）　　1

年　月　日

出票人	全　称		收款人	全　称	
	账　号			账　号	
	开户银行			开户银行	

金额	人民币（大写）	亿	千	百	十	万	千	百	十	元	角	分

票据种类		票据张数		开户银行盖章
票据号码				
复核　　记账				

此联是开户银行交给持（出）票人的回单

图 JN-22　中国建设银行进账单（回单）

11）2019 年 8 月 16 日，广东幸福家居有限公司接银行付款通知，支付上月电费。付款通知单和电费发票见图 JN-23 和图 JN-24。

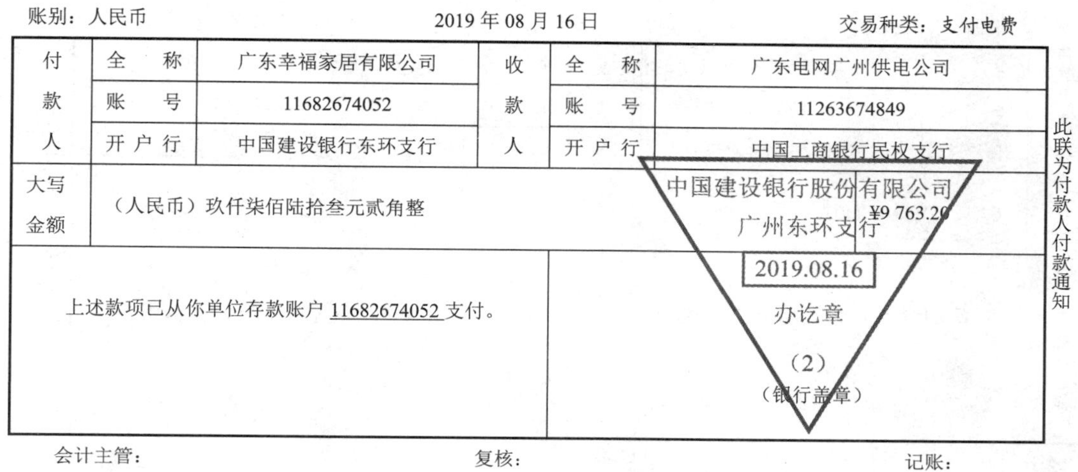

中国建设银行对公客户付款通知单

账别：人民币　　2019 年 08 月 16 日　　交易种类：支付电费

付款人	全　称	广东幸福家居有限公司	收款人	全　称	广东电网广州供电公司
	账　号	11682674052		账　号	11263674849
	开户行	中国建设银行东环支行		开户行	中国工商银行民权支行
大写金额	（人民币）玖仟柒佰陆拾叁元贰角整				¥9 763.20
上述款项已从你单位存款账户 11682674052 支付。			中国建设银行股份有限公司广州东环支行 2019.08.16 办讫章 （2） （银行盖章）		

会计主管：　　复核：　　记账：

此联为付款人付款通知

图 JN-23　中国建设银行对公客户付款通知单

广东增值税专用发票

4401241743　　国家税务总局 发票联 广东省税务局　　№ 432341306

开票日期：2019 年 08 月 16 日

购买方	名　称：广东幸福家居有限公司 纳税人识别号：440103256268024 地址、电话：番禺区东环路 120 号　020-56327581 开户行及账号：中国建设银行东环支行 11682674052				密码区	（略）		
货物或应税劳务、服务名称	规格型号	单位	数量	单价	金额	税率	税额	
*供电*电费		度	4 800	1.80	8 640.00	13%	1 123.20	
合　计					¥8 640.00	13%	¥1 123.20	
价税合计（大写）	⊗玖仟柒佰陆拾叁圆贰角整				（小写）¥9 763.20			
销售方	名　称：广东电网广州供电公司 纳税人识别号：440106734916755 地址、电话：广州市民权路 142 号　020-88683127 开户行及账号：中国工商银行民权支行 11263674849				备注	广东电网广州供电公司 440106734916755 发票专用章		

收款人：梁智华　　复核：周瑞琼　　开票人：何瑞明　　销售方：（章）

第三联：发票联　购买方记账凭证

图 JN-24　电费发票

12）2019 年 8 月 16 日，广东幸福家居有限公司接银行付款通知，支付上月水费。付款通知单和水费发票见图 JN-25 和图 JN-26。

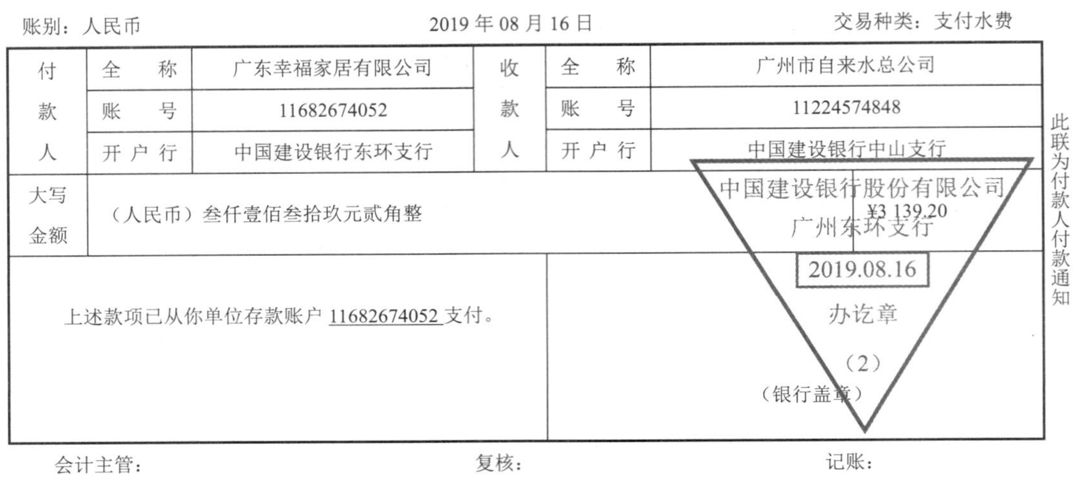

中国建设银行对公客户付款通知单

账别：人民币　　2019 年 08 月 16 日　　交易种类：支付水费

付款人	全　称	广东幸福家居有限公司	收款人	全　称	广州市自来水总公司
	账　号	11682674052		账　号	11224574848
	开户行	中国建设银行东环支行		开户行	中国建设银行中山支行
大写金额	（人民币）叁仟壹佰叁拾玖元贰角整				¥3 139.20
上述款项已从你单位存款账户 11682674052 支付。			（银行盖章）		

此联为付款人付款通知

会计主管：　　复核：　　记账：

图 JN-25　付款通知单

广东增值税专用发票

4401269742　　№ 442561307

开票日期：2019 年 08 月 16 日

购买方	名　称：广东幸福家居有限公司 纳税人识别号：440103256268024 地 址、电 话：番禺区东环路 120 号　020-56327581 开户行及账号：中国建设银行东环支行 11682674052					密码区	（略）	
货物或应税劳务、服务名称	规格型号	单位	数量	单价	金额	税率	税额	
*水冰雪*基本水费		吨	600	4.80	2 880.00	9%	259.20	
合　计					¥2 880.00	9%	¥259.20	
价税合计（大写）	⊗叁仟壹佰叁拾玖圆贰角整					（小写）¥3 139.20		
销售方	名　称：广州市自来水总公司 纳税人识别号：440103190426853 地 址、电 话：广州中山一路 162 号　020-88696627 开户行及账号：中国建设银行中山支行 11224574848					备注		

第三联：发票联　购买方记账凭证

收款人：黄爱琳　　复核：伍娟　　开票人：李南妹　　销售方：（章）

图 JN-26　水费发票

13）2019 年 8 月 16 日，广东幸福家居有限公司接银行付款通知，支付银行借款利息。利息清单见图 JN-27。

中国建设银行 China Construction Bank （贷款）利息清单

币别：人民币　　2019 年 08 月 16 日　　单位：元

户名：广东幸福家居有限公司			账号：11682674052		
计息项目	起息日	结息日	本金	年利率	利息
短期借款	2019.07.16	2019.08.16	161 600.00	6.0%	808.00
合计（大写）	人民币捌佰零捌元整				¥808.00
上列贷款利息，已从你单位存款账户 11682674052 支付。			中国建设银行股份有限公司 广州东环支行 2019.08.16 办讫章 （4） 银行签章		

第二联：客户回单

会计主管：　　授权：　　复核：　　录入：

图 JN-27　中国建设银行（贷款）利息清单

14）2019 年 8 月 17 日，产品完工入库。产成品入库单见图 JN-28 和图 JN-29。

产成品入库单

2019 年 8 月 17 日　　收字第 503 号

产品名称	规格型号	单位	应收数量	实收数量	金额/元
书桌		张	200	200	

仓库主管：陈德明　　复核：朱永材　　验收：李怡华　　制单：梁芳

图 JN-28　产成品入库单 1

产成品入库单

2019 年 8 月 17 日　　收字第 504 号

产品名称	规格型号	单位	应收数量	实收数量	金额/元
餐桌		套	120	120	

仓库主管：陈德明　　复核：朱永材　　验收：李怡华　　制单：梁芳

图 JN-29　产成品入库单 2

15）2019 年 8 月 18 日，根据合同，广东幸福家居有限公司向广东怡景家居有限公司销售书桌 160 张、餐桌 120 套，开出增值税专用发票（图 JN-30），款已收。产品出库单和电汇凭证（收账通知）见图 JN-31 和图 JN-32。

广东增值税专用发票

4601041141　　　　№ 201307507

此联不作报销、扣税凭证使用

（印章：全国统一发票监制章 国家税务总局 广东省税务局）

开票日期：2019 年 08 月 18 日

购买方	名　　称：广东怡景家居有限公司 纳税人识别号：440206835254026 地 址、电 话：深圳市怡景路 12 号　0755-88396432 开户行及账号：中国工商银行怡景支行 12934783058	密码区	（略）

货物或应税劳务、服务名称	规格型号	单位	数量	单价	金额	税率	税额
*家具*书桌		张	160	480.00	76 800.00	13%	9 984.00
*家具*餐桌		套	120	850.00	102 000.00	13%	13 260.00
合　　计					¥178 800.00		¥23 244.00
价税合计（大写）	⊗贰拾万贰仟零肆拾肆圆整				（小写）¥202 044.00		

销售方	名　　称：广东幸福家居有限公司 纳税人识别号：440103256268024 地 址、电 话：番禺区东环路 120 号　020-56327581 开户行及账号：中国建设银行东环支行 11682674052	备注	

收款人：谢晓霞　　复核：杨东梅　　开票人：王耀林　　销售方：（章）

第一联：记账联 销售方记账凭证

图 JN-30　增值税专用发票

产品出库单

2019 年 8 月 18 日　　　　第 1503 号

产品名称	规格	型号	单位	数量	单位成本	金额/元
书桌			张	160		
餐桌			套	120		

仓库主管：陈德明　　复核：杨东梅　　发货：朱永材　　制单：梁芳

图 JN-31　产品出库单

电 汇 凭 证（收账通知）　4　№ 016890578

第　　号　　　　委托日期　2019 年 08 月 18 日

汇款人	全　称	广东怡景家居有限公司			收款人	全　称	广东幸福家居有限公司		
	账　号或住址	12934783058				账　号或住址	11682674052		
	汇出地点	深圳	汇出行名称	中国工商银行怡景支行		汇入地点	番禺	汇入行名称	中国建设银行东环支行

金额	人民币（大写）　贰拾万贰仟零肆拾肆元整	千	百	十	万	千	百	十	元	角	分
			¥	2	0	2	0	4	4	0	0

汇款用途：支付货款

上列款项已根据委托办理，如需查询，请持此回单来行面谈。

（印章：中国建设银行股份有限公司 广州东环支行 2019.08.16 办讫章 （4））

（汇入行盖章）

此联是汇入行给收款人的收账通知

图 JN-32　电汇凭证（收账通知）

16）2019 年 8 月 20 日，生产产品领用材料。领料单见图 JN-33 和图 JN-34。

领　料　单

用途：生产书桌　　　　2019 年 8 月 20 日　　　　领字第 00533 号

材料名称	规格型号	单位	请领数量	实发数量	金额/元
木条		根	630	630	
木板		块	270	270	
油漆		桶	27	27	

仓库主管：陈德明　　复核：杨东梅　　发料：朱永材　　制单：梁芳

图 JN-33　领料单 1

领　料　单

用途：生产餐桌　　　　2019 年 8 月 20 日　　　　领字第 00534 号

材料名称	规格型号	单位	请领数量	实发数量	金额/元
木条		根	600	600	
木板		块	240	240	
油漆		桶	36	36	

仓库主管：陈德明　　复核：杨东梅　　发料：朱永材　　制单：梁芳

图 JN-34　领料单 2

17）2019 年 8 月 22 日，广东幸福家居有限公司向广东芳村机械有限公司购买锯木机一台，收到增值税专用发票一张（图 JN-35），款项已承付。转账支票和固定资产验收单见图 JN-36 和图 JN-37。

广东增值税专用发票

4401541282　　　　（全国统一发票监制章 国家税务总局 广东省税务局）票联　　　　№ 465363051

开票日期：2019 年 08 月 22 日

<table>
<tr><td>购买方</td><td colspan="5">名　　称：广东幸福家居有限公司
纳税人识别号：440103256268024
地 址、电 话：番禺区东环路 120 号　020-56327581
开户行及账号：中国建设银行东环支行 11682674052</td><td>密码区</td><td colspan="3">（略）</td></tr>
<tr><td colspan="2">货物或应税劳务、服务名称</td><td>规格型号</td><td>单位</td><td>数量</td><td>单价</td><td>金额</td><td>税率</td><td>税额</td></tr>
<tr><td colspan="2">*通用设备*锯木机</td><td></td><td>台</td><td>1</td><td>86 000.00</td><td>86 000.00</td><td>13%</td><td>11 180.00</td></tr>
<tr><td colspan="2">合　　计</td><td></td><td></td><td></td><td></td><td>¥86 000.00</td><td></td><td>¥11 180.00</td></tr>
<tr><td colspan="2">价税合计（大写）</td><td colspan="5">⊗玖万柒仟壹佰捌拾圆整</td><td colspan="2">（小写）¥97 180.00</td></tr>
<tr><td>销售方</td><td colspan="5">名　　称：广东芳村机械有限公司
纳税人识别号：440105307268034
地 址、电 话：芳村区芳村大道 2 号　020-83682585
开户行及账号：中国工商银行芳村支行 11629413054</td><td>备注</td><td colspan="2">（广东芳村机械有限公司 440105307268034 发票专用章）</td></tr>
</table>

第三联：发票联 购买方记账凭证

收款人：刘丽纯　　复核：陈丽芬　　开票人：林娜　　销售方：（章）

图 JN-35　增值税专用发票

中国建设银行支票存根（粤）	中国建设银行支票（粤） GS 07384052
GS 07384052	出票日期（大写） 年 月 日 付款行名称：
附加信息	收款人： 出票人账号：
	人民币（大写） 千 百 十 万 千 百 十 元 角 分
出票日期 年 月 日	付款期限自出票之日起十天
收款人：	用途 密码
金 额：	上列款项请从 行号
用 途：	我账户内支付
单位主管 会计	出票人签章 广东幸福家居有限公司财务专用章 郑裕欣 复核 记账

被背书人	被背书人	附加信息：
背书人签章 年 月 日	背书人签章 年 月 日	

（粘贴单处）

根据《中华人民共和国票据法》等法律法规的规定，签发空头支票由中国人民银行处以票面金额5%但不低于1 000元的罚款。

图 JN-36 转账支票

固定资产验收单

验收日期 2019年8月22日 编号：00501

固定资产管理部门	项目名称	锯木机	电动机			
	型 号		总功率			
	规 格		出厂编号		出厂日期	2019.8.22
	制造厂	广东芳村机械有限公司	自重量		始用日期	2019.8.22
	尺 寸		使用部门	家具车间	施工工号	
	随机附件					
	名称	型号规格	数量	名称	型号规格	数量
	说明书		装箱单		图纸	
	合格证		精度单		资料验收人	
	设备类别			使用年限		
	精度等级			分类划级		
财务部门	设备费用	¥86 000.00		安装及其他费		
	原值合计	¥86 000.00		资产来源	购入	
验收意见	验收合格 验收人：李怡华					
部门签名	使用部门	周利元	固定资产管理部门	陈德明	财务部门	陈健平

图 JN-37 固定资产验收单

18）2019 年 8 月 25 日，产品完工入库。产成品入库单见图 JN-38 和图 JN-39。

产成品入库单

2019 年 8 月 25 日　　收字第 505 号

产品名称	规格型号	单位	应收数量	实收数量	金额/元
书桌		张	120	120	

仓库主管：陈德明　　复核：朱永材　　验收：李怡华　　制单：梁芳

图 JN-38　产成品入库单 1

产成品入库单

2019 年 8 月 25 日　　收字第 506 号

产品名称	规格型号	单位	应收数量	实收数量	金额/元
餐桌		套	140	140	

仓库主管：陈德明　　复核：朱永材　　验收：李怡华　　制单：梁芳

图 JN-39　产成品入库单 2

19）2019 年 8 月 26 日，广东幸福家居有限公司向广东明光家居有限公司销售书桌 90 张、餐桌 80 套，开出增值税专用发票（图 JN-40），款项已收存银行。相关凭证见图 JN-41～图 JN-43。

广东增值税专用发票

4601041141　　№ 201307508

此联不作报销、扣税凭证使用

开票日期：2019 年 08 月 26 日

购买方	名　　称：广东明光家居有限公司 纳税人识别号：440102443268027 地 址、电 话：增城市光明路 36 号　020-68682587 开户行及账号：中国建设银行光明支行 11676243355				密码区	（略）	
货物或应税劳务、服务名称	规格型号	单位	数量	单价	金额	税率	税额
*家具*书桌		张	90	490.00	44 100.00	13%	5 733.00
*家具*餐桌		套	80	850.00	68 000.00	13%	8 840.00
合　　计					¥112 100.00		¥14 573.00
价税合计（大写）	⊗壹拾贰万陆仟陆佰柒拾叁圆整				（小写）¥126 673.00		
销售方	名　　称：广东幸福家居有限公司 纳税人识别号：440103256268024 地 址、电 话：番禺区东环路 120 号　020-56327581 开户行及账号：中国建设银行东环支行 11682674052				备注		

第一联：记账联　销售方记账凭证

收款人：谢晓霞　　复核：杨东梅　　开票人：王耀林　　销售方：（章）

图 JN-40　增值税专用发票

产品出库单

2019 年 8 月 26 日　　第 1504 号

产品名称	规格	型号	单位	数量	单位成本	金额/元
书桌			张	86		
餐桌			套	80		

仓库主管：陈德明　　复核：杨东梅　　验收：朱永材　　制单：梁芳

图 JN-41　产品出库单

中国建设银行支票（粤）　　GS 08224051

付款期限自出票之日起十天

出票日期（大写）贰零壹玖年捌月贰拾陆日　　付款行名称：中国建设银行光明支行

收款人：广东幸福家居有限公司　　出票人账号：11676243355

人民币（大写）	千	百	十	万	千	百	十	元	角	分
壹拾贰万陆仟陆佰柒拾叁元整		¥	1	2	6	6	7	3	0	0

用途 支付货款　　密码

上列款项请从　　行号

我账户内支付

出票人签章　广东明光家居有限公司财务专用章　陈顺华　　复核　　记账

附加信息：	被背书人：	被背书人：
	背书人签章 年　月　日	背书人签章 年　月　日

图 JN-42　转账支票

中国建设银行进账单（回　单）　　1

年　月　日

<table>
<tr><td rowspan="3">出票人</td><td>全　称</td><td></td><td rowspan="3">收款人</td><td>全　称</td><td colspan="11"></td></tr>
<tr><td>账　号</td><td></td><td>账　号</td><td colspan="11"></td></tr>
<tr><td>开户银行</td><td></td><td>开户银行</td><td colspan="11"></td></tr>
<tr><td rowspan="2">金额</td><td colspan="4" rowspan="2">人民币
（大写）</td><td>亿</td><td>千</td><td>百</td><td>十</td><td>万</td><td>千</td><td>百</td><td>十</td><td>元</td><td>角</td><td>分</td></tr>
<tr><td></td><td></td><td></td><td></td><td></td><td></td><td></td><td></td><td></td><td></td><td></td></tr>
<tr><td colspan="2">票据种类</td><td></td><td>票据张数</td><td></td><td colspan="11" rowspan="3">开户银行盖章</td></tr>
<tr><td colspan="2">票据号码</td><td colspan="3"></td></tr>
<tr><td colspan="5">复核　　　　记账</td></tr>
</table>

此联是开户银行交给持（出）票人的回单

图 JN-43　中国建设银行进账单（回单）

20）2019 年 8 月 27 日，广东幸福家居有限公司签发转账支票（图 JN-44），向广东省希望工程捐款 10 000 元。广东省接受社会捐款专用收据见图 JN-45。

<table>
<tr><td>中国建设银行支票存根（粤）
GS 07384053
附加信息

出票日期　年　月　日
收款人：
金　额：
用　途：
单位主管　　会计</td>
<td>付款期限自出票之日起十天</td>
<td>中国建设银行支票（粤）　　GS 07384053
出票日期（大写）　年　月　日　付款行名称：
收款人：　　出票人账号：
人民币（大写）　千 百 十 万 千 百 十 元 角 分
用途　　　密码
上列款项请从我账户内支付　　　行号
出票人签章　[广东幸福家居有限公司财务专用章]　[郑裕欣]
复核　　记账</td></tr>
</table>

被背书人	被背书人	附加信息：
背书人签章 年　月　日	背书人签章 年　月　日	

（粘贴单处）

根据《中华人民共和国票据法》等法律法规的规定，签发空头支票由中国人民银行处以票面金额5%但不低于 1 000 元的罚款。

图 JN-44　转账支票

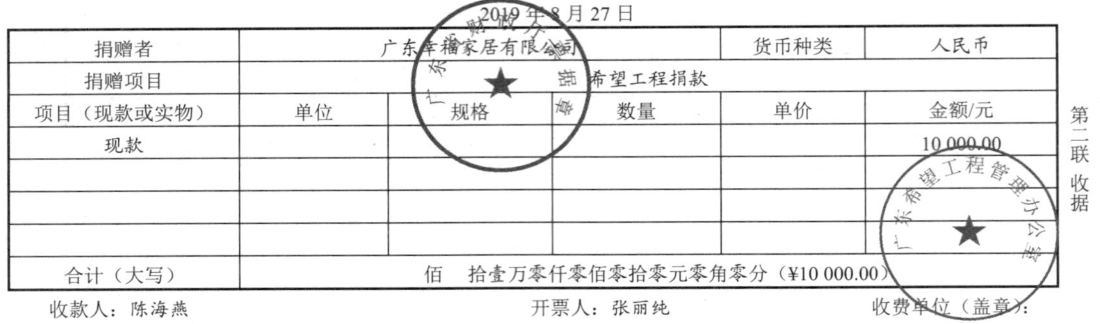

广东省接受社会捐赠专用收据

2019 年 8 月 27 日

捐赠者	广东幸福家居有限公司			货币种类	人民币	第二联 收据
捐赠项目	希望工程捐款					
项目（现款或实物）	单位	规格	数量	单价	金额/元	
现款					10 000.00	
合计（大写）	佰　拾壹万零仟零佰零拾零元零角零分（¥10 000.00）					

收款人：陈海燕　　　开票人：张丽纯　　　收费单位（盖章）：

图 JN-45　广东省接受社会捐赠专用收据

21）2019 年 8 月 29 日，广东幸福家居有限公司向广东新华家居有限公司销售不需用木条 250 根，款项已收存银行。相关凭证见图 JN-46～图 JN-49。

广东增值税专用发票

4601041141　　　№ 201307510

此联不作报销、扣税凭证使用

开票日期：2019 年 08 月 29 日

购买方	名　　称：广东新华家居有限公司 纳税人识别号：440103564568023 地 址、电 话：花都区新华路 72 号　020-36637584 开户行及账号：中国工商银行新华支行 11634813054				密码区	（略）		第一联：记账联 销售方记账凭证
货物或应税劳务、服务名称	规格型号	单位	数量	单价	金额	税率	税额	
*林业产品*木条		根	250	30.00	7 500.00	13%	975.00	
合　　计					¥7 500.00		¥975.00	
价税合计（大写）	⊗捌仟肆佰柒拾伍圆整				（小写）¥8 475.00			
销售方	名　　称：广东幸福家居有限公司 纳税人识别号：440103256268024 地 址、电 话：番禺区东环路 120 号　020-56327581 开户行及账号：中国建设银行东环支行 11682674052				备注			

收款人：谢晓霞　　　复核：杨东梅　　　开票人：王耀林　　　销售方：（章）

图 JN-46　增值税专用发票

材料出库单（财会联）

用途：销售　　　2019 年 8 月 29 日　　　NO：21501

名称及规格	单位	请领数量	实发数量	单价	金额/元
木条	根	250	250		

仓库主管：陈德明　　　经手人：李怡华　　　保管员：朱永材

图 JN-47　材料出库单

付款期限自出票之日起十天

中国工商银行支票（粤）　　GS 07024052

出票日期（大写）贰零壹玖年捌月贰拾玖日		付款行名称：中国工商银行新华支行									
收款人：广东幸福家居有限公司		出票人账号：11634813054									
人民币（大写）捌仟肆佰柒拾伍元整	千	百	十	万	千	百	十	元	角	分	
				¥	8	4	7	5	0	0	

用途　支付货款

上列款项请从我账户内支付

出票人签章　广东新华家居有限公司财务专用章　王德胜

密码

行号

复核　　记账

附加信息：	被背书人：	被背书人：
	背书人签章 年　月　日	背书人签章 年　月　日

图 JN-48　转账支票

中国建设银行进账单　（回　单）　　**1**

年　月　日

出票人	全　称		收款人	全　称											
	账　号			账　号											
	开户银行			开户银行											
金额	人民币（大写）			亿	千	百	十	万	千	百	十	元	角	分	
票据种类		票据张数													
票据号码															
复核　　记账				开户银行盖章											

此联是开户银行交给持（出）票人的回单

图 JN-49　中国建设银行进账单（回单）

22）2019 年 8 月 31 日，广东幸福家居有限公司接银行付款通知，支付本月电话费。付款通知单和增值税专用发票见图 JN-50 和图 JN-51。

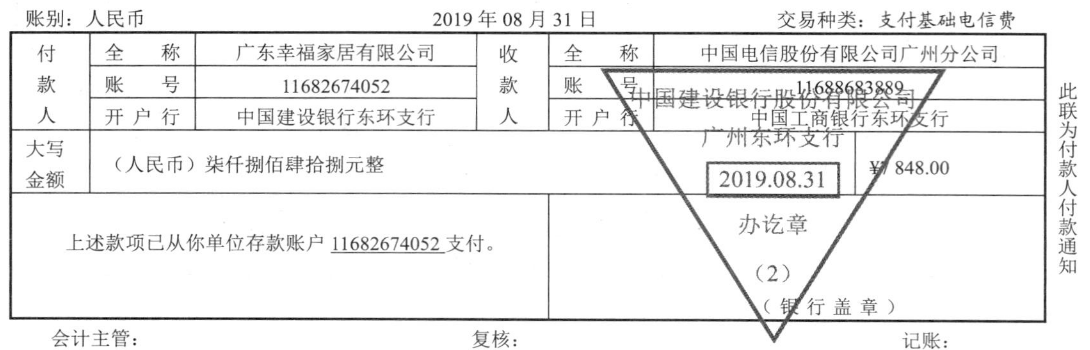

中国建设银行对公客户付款通知单

账别：人民币　　2019 年 08 月 31 日　　交易种类：支付基础电信费

付款人	全称	广东幸福家居有限公司	收款人	全称	中国电信股份有限公司广州分公司
	账号	11682674052		账号	11688683889
	开户行	中国建设银行东环支行		开户行	中国工商银行东环支行
大写金额	（人民币）柒仟捌佰肆拾捌元整				¥7 848.00
上述款项已从你单位存款账户 11682674052 支付。			中国建设银行股份有限公司广州东环支行 2019.08.31 办讫章 （2） （银行盖章）		

此联为付款人付款通知

会计主管：　　复核：　　记账：

图 JN-50　付款通知单

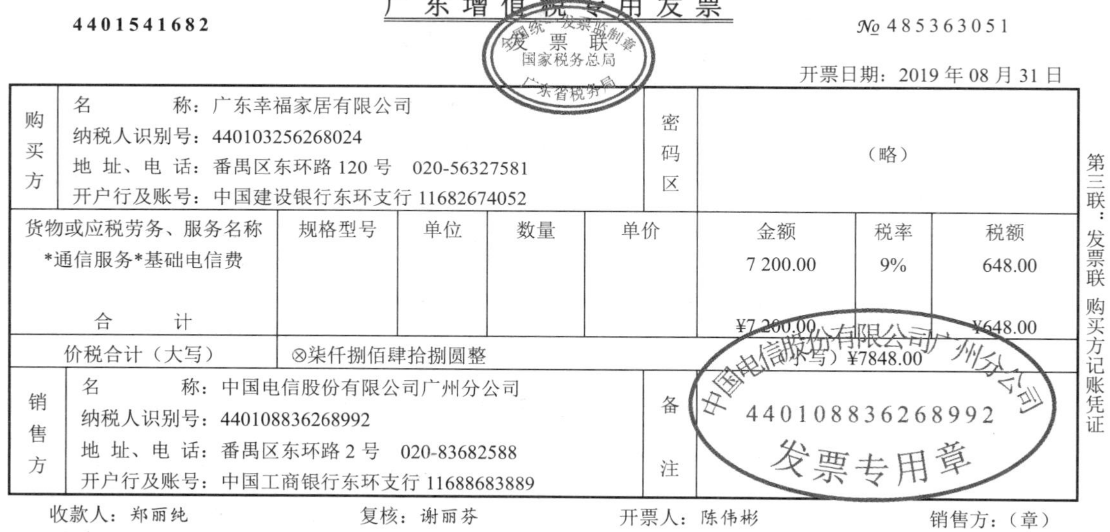

广东增值税专用发票

4401541682　　发票联　　№ 485363051

全国统一发票监制章 国家税务总局 广东省税务局

开票日期：2019 年 08 月 31 日

购买方	名称：广东幸福家居有限公司 纳税人识别号：440103256268024 地址、电话：番禺区东环路 120 号　020-56327581 开户行及账号：中国建设银行东环支行 11682674052				密码区	（略）		
货物或应税劳务、服务名称	规格型号	单位	数量	单价		金额	税率	税额
*通信服务*基础电信费						7 200.00	9%	648.00
合计						¥7 200.00		¥648.00
价税合计（大写）	⊗柒仟捌佰肆拾捌圆整					（小写）¥7848.00		
销售方	名称：中国电信股份有限公司广州分公司 纳税人识别号：440108836268992 地址、电话：番禺区东环路 2 号　020-83682588 开户行及账号：中国工商银行东环支行 11688683889				备注	中国电信股份有限公司广州分公司 440108836268992 发票专用章		

第三联：发票联　购买方记账凭证

收款人：郑丽纯　　复核：谢丽芬　　开票人：陈伟彬　　销售方：（章）

图 JN-51　增值税专用发票

23）2019 年 8 月 31 日，广东幸福家居有限公司计提本月固定资产折旧。折旧计算表见图 JN-52。

折旧计算表

2019 年 8 月 31 日　　单位：元

固定资产类型	固定资产价值	月折旧率	月折旧额
生产用固定资产	3 168 000.00	0.75%	23 760.00
非生产用固定资产	1 094 000.00	0.65%	7 111.00
合计	4 262 000.00	—	30 871.00

会计主管：陈健平　　复核：杨东梅　　制表：梁芳

图 JN-52　折旧计算表

24）2019 年 8 月 31 日，广东幸福家居有限公司计算并分配本月工资费用。工资结算汇总表见图 JN-53。

工资结算汇总表

2019 年 8 月　　　　单位：元

部门或用途	基本工资	加班工资	津贴补贴	奖金	应付工资
生产书桌	22 464.00	5 364.00	8 985.00	10 810.00	47 623.00
生产餐桌	24 192.00	6 480.00	9 676.00	10 938.00	51 286.00
车间管理人员	12 236.00	759.00	5 506.00	2 072.00	20 573.00
行政管理人员	10 052.00	918.00	3 877.00	2 183.00	17 030.00
合计	68 944.00	13 521.00	28 044.00	26 003.00	136 512.00

会计主管：陈健平　　　　复核：杨东梅　　　　制表：梁芳

图 JN-53　工资结算汇总表

25）2019 年 8 月 31 日，广东幸福家居有限公司根据合同，向广东怡景家居有限公司销售书桌 100 张、餐桌 80 套，开出增值税专用发票（图 JN-54），款已收。产品出库单和电汇凭证（收账通知）见图 JN-56 和图 JN-56。

广东增值税专用发票

4601041141　　　　№ 201307511

此联不作报销、扣税凭证使用

开票日期：2019 年 08 月 31 日

购买方	名　　称：广东怡景家居有限公司 纳税人识别号：440206835254026 地 址、电 话：深圳市怡景路 12 号　0755-88396432 开户行及账号：中国工商银行怡景支行 12934783058	密码区	（略）				
货物或应税劳务、服务名称	规格型号	单位	数量	单价	金额	税率	税额
*家具*书桌		张	100	480.00	48 000.00	13%	6 240.00
*家具*餐桌		套	80	840.00	67 200.00	13%	8 736.00
合　　计					¥115 200.00		¥14 976.00
价税合计（大写）	⊗壹拾叁万零壹佰柒拾陆圆整				（小写）¥130 176.00		
销售方	名　　称：广东幸福家居有限公司 纳税人识别号：440103256268024 地 址、电 话：番禺区东环路 120 号　020-56327581 开户行及账号：中国建设银行东环支行 11682674052	备注					

第一联：记账联　销售方记账凭证

收款人：谢晓霞　　　　复核：杨东梅　　　　开票人：王耀林　　　　销售方：（章）

图 JN-54　增值税专用发票

产品出库单

2019 年 8 月 31 日　　　　第 1505 号

产品名称	规格	型号	单位	数量	单位成本	金额/元
书桌			张	100		
餐桌			套	80		

仓库主管：陈德明　　复核：杨东梅　　发货：朱永材　　制单：梁芳

图 JN-55　产品出库单

电 汇 凭 证（收账通知）　4　No 016890598

第　　号　　委托日期　2019 年 08 月 31 日

					收款人		
汇款人	全　称	广东怡景家居有限公司				全　称	广东幸福家居有限公司
	账　号或住址	12934783058				账　号或住址	11682674052
	汇　出地　点	深圳	汇出行名　称	中国工商银行怡景支行		汇入地点 / 汇入行名称	中国建设银行东环支行
金额	人民币（大写）	壹拾叁万零壹佰柒拾陆元整				千 百 十 万 千 百 十 元 角 分	¥ 1 3 0 1 7 6 0 0
汇款用途：支付货款							
上列款项已根据委托办理，如需查询，请持此回单来行面谈。						中国建设银行股份有限公司广州东环支行 2019.08.31 办讫章（4）（汇入行盖章）	

此联是汇入行给收款人的收账通知

图 JN-56　电汇凭证（收账通知）

26）2019 年 8 月 31 日，广东幸福家居有限公司向广东西丽建材有限公司采购油漆 100 桶，油漆未到，货款未付，开出增值税专用发票（图 JN-57）。

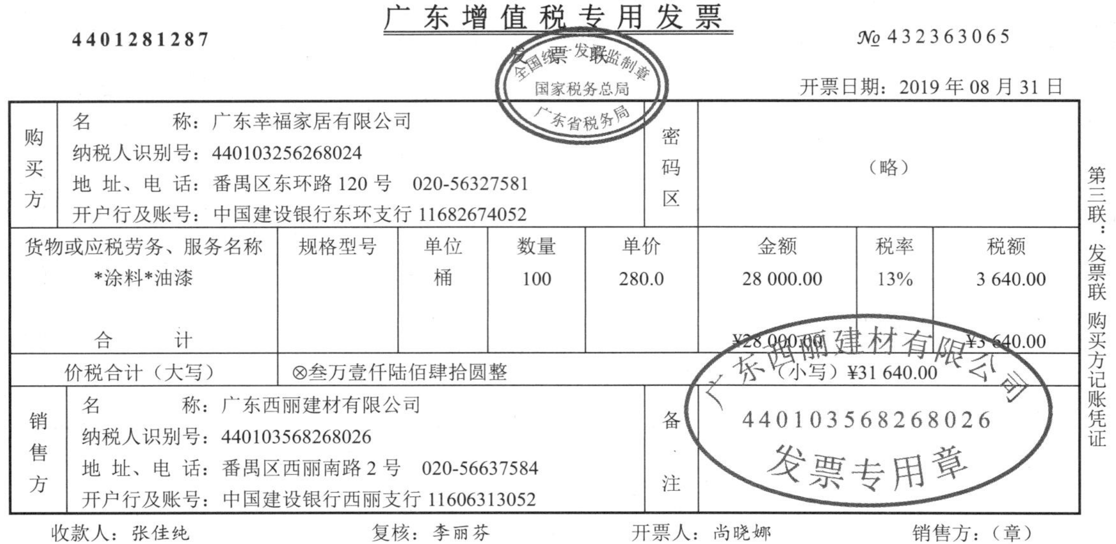

广 东 增 值 税 专 用 发 票

4401281287　　发票联　　№ 432363065

（全国统一发票监制章 国家税务总局 广东省税务局）

开票日期：2019 年 08 月 31 日

购买方	名　称：广东幸福家居有限公司 纳税人识别号：440103256268024 地 址、电 话：番禺区东环路 120 号　020-56327581 开户行及账号：中国建设银行东环支行 11682674052				密码区	（略）	
货物或应税劳务、服务名称	规格型号	单位	数量	单价	金额	税率	税额
*涂料*油漆		桶	100	280.0	28 000.00	13%	3 640.00
合　计					¥28 000.00		¥3 640.00
价税合计（大写）	⊗叁万壹仟陆佰肆拾圆整				（小写）¥31 640.00		
销售方	名　称：广东西丽建材有限公司 纳税人识别号：440103568268026 地 址、电 话：番禺区西丽南路 2 号　020-56637584 开户行及账号：中国建设银行西丽支行 11606313052				备注	广东西丽建材有限公司 440103568268026 发票专用章	

收款人：张佳纯　　复核：李丽芬　　开票人：尚晓娜　　销售方：（章）

第三联：发票联　购买方记账凭证

图 JN-57　增值税专用发票

27）2019 年 8 月 31 日，银行代发工资。付款通知单和工资清单见图 JN-58 和图 JN-59。

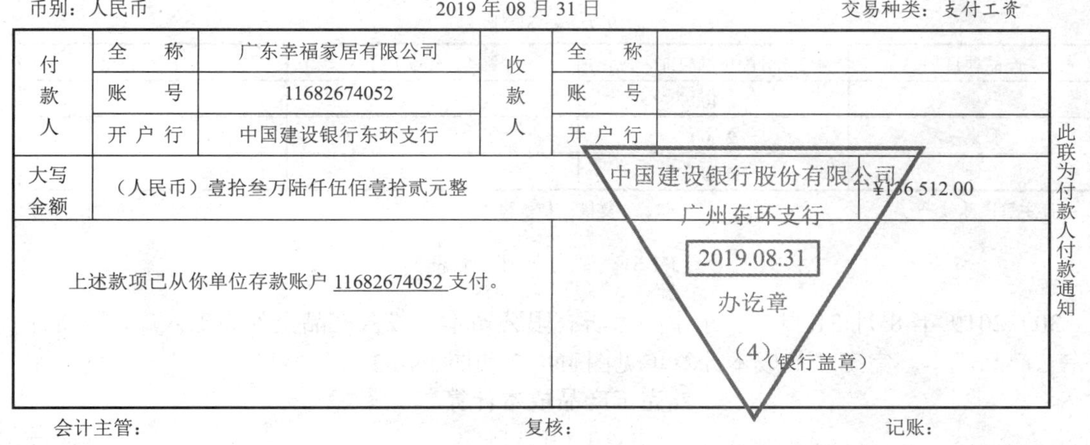
中国建设银行对公客户付款通知单

币别：人民币　　2019 年 08 月 31 日　　交易种类：支付工资

付款人	全　称	广东幸福家居有限公司	收款人	全　称	
	账　号	11682674052		账　号	
	开户行	中国建设银行东环支行		开户行	
大写金额	（人民币）壹拾叁万陆仟伍佰壹拾贰元整				¥136 512.00
上述款项已从你单位存款账户 11682674052 支付。				中国建设银行股份有限公司 广州东环支行 2019.08.31 办讫章 (4)（银行盖章）	

会计主管：　　复核：　　记账：

此联为付款人付款通知

图 JN-58　付款通知单

工资清单

2019 年 08 月 31 日　　单位：元

序号	姓名	账号	基本工资	奖金	…	实发工资
1	郑裕欣	11682162301	3 080.00	1 600.00	…	5 280.00
2	陈健平	11682162302	2 970.00	1 550.00	…	5 068.00
…	…	…	…	…	…	…
…	…	…	…	…	…	…
合计	—	—	…	…	…	¥136 512.00

单位负责人：郑裕欣　　会计主管：陈健平　　会计：杨东梅　　制表：梁芳

图 JN-59　工资清单

28）2019 年 8 月 31 日，广东幸福家居有限公司计算本月发出材料成本（包括材料销售成本），发出材料单位成本分别为木条 25 元，木板 80 元，油漆 280 元。发出材料汇总表见图 JN-60。

发出材料汇总表

2019 年 8 月 31 日　　单位：元

部门/用途	木条			木板			油漆			合计
	数量	单价	金额	数量	单价	金额	数量	单价	金额	
书桌										
餐桌										
销售										
合计										

会计主管：陈健平　　复核：杨东梅　　制表：梁芳

图 JN-60　发出材料汇总表

29）2019 年 8 月 31 日，广东幸福家居有限公司分配结转本月制造费用。制造费用分配表见图 JN-61。

制造费用分配表

2019 年 8 月 31 日

产品项目	分配标准/工时	分配率/（元/工时）	分配金额/元
书桌	2 400		
餐桌	2 600		
合计	5 000		

会计主管：陈健平　　复核：杨东梅　　制表：梁芳

图 JN-61　制造费用分配表

30）2019 年 8 月 31 日，广东幸福家居有限公司本月投入产品全部完工入库，计算本月完工产品成本。完工产品成本计算单见图 JN-62 和图 JN-63。

完工产品成本计算单

2019 年 8 月 31 日　　单位：元

产品名称：书桌（张）　　完工产品数量：

项目	直接材料	直接人工	制造费用	合计
期初在产品成本				
本月生产费用				
生产费用合计				
完工产品总成本				
完工产品单位成本				
期末在产品成本				

会计主管：陈健平　　复核：杨东梅　　制表：梁芳

图 JN-62　完工产品成本计算单

完工产品成本计算单

2019 年 8 月 31 日　　单位：元

产品名称：餐桌（套）　　完工产品数量：

项目	直接材料	直接人工	制造费用	合计
期初在产品成本				
本月生产费用				
生产费用合计				
完工产品总成本				
完工产品单位成本				
期末在产品成本				

会计主管：陈健平　　复核：杨东梅　　制表：梁芳

图 JN-63　完工产品成本计算单

31）2019 年 8 月 31 日，广东幸福家居有限公司计算并结转本月产品销售成本，发出产品单位成本分别为书桌 350 元，餐桌 560 元。产品销售成本汇总表见图 JN-64。

产品销售成本汇总表

2019 年 8 月　　单位：元

产品名称	计量单位	销售量	单位成本	总成本
书桌				
餐桌				
合计				

会计主管：陈健平　　复核：杨东梅　　制表：梁芳

图 JN-64　产品销售成本汇总表

32）2019 年 8 月 31 日，广东幸福家居有限公司计算本月应交城市维护建设税（7%）和教育费附加（3%）。税费计算表见图 JN-65。

税费计算表

2019 年 8 月 31 日　　单位：元

税（费）种	计税基数	税（费）率	税（费）额	备注
城市维护建设税				
教育费附加				
合计				

会计主管：陈健平　　复核：杨东梅　　制表：梁芳

图 JN-65　税费计算表

33）2019 年 8 月 31 日，广东幸福家居有限公司结转本月损益类账户。相关表单见图 JN-66～图 JN-68。

损益类账户发生额表（结转到本年利润前）

2019 年 8 月　　单位：元

收入类账户	借方发生额	贷方发生额	费用类账户	借方发生额	贷方发生额
主营业务收入			主营业务成本		
其他业务收入			其他业务成本		
			税金及附加		
			管理费用		
			财务费用		
			营业外支出		
合计			合计		

会计主管：陈健平　　复核：杨东梅　　制表：梁芳

图 JN-66　损益类账户发生额表

内部转账单

2019 年 8 月 31 日　　转字第 501 号

摘要	结转科目			转入科目		
	总账科目	明细科目	金额/元	总账科目	明细科目	金额/元
结转收入类账户	主营业务收入			本年利润		
	其他业务收入					
合计						

会计主管：陈健平　　复核：杨东梅　　制表：梁芳

图 JN-67　内部转账单 1

内部转账单

2019 年 8 月 31 日　　转字第 502 号

摘要	结转科目			转入科目		
	总账科目	明细科目	金额/元	总账科目	明细科目	金额/元
结转费用类账户	主营业务成本			本年利润		
	其他业务成本					
	税金及附加					
	管理费用					
	财务费用					
	营业外支出					
合计						

会计主管：陈健平　　复核：杨东梅　　制表：梁芳

图 JN-68　内部转账单 2

34）2019 年 8 月 31 日，广东幸福家居有限公司计算并结转本月应交所得税，企业所得税税率为 25%。相关表单见图 JN-69 和图 JN-70。

税费计算表

2019 年 8 月 31 日　　单位：元

税（费）种	计税基数	税（费）率	税（费）额	备注
所得税				
合计				

会计主管：陈健平　　复核：杨东梅　　制表：梁芳

图 JN-69　税费计算表

内部转账单

2019 年 8 月 31 日　　转字第 503 号

摘要	结转科目			转入科目		
	总账科目	明细科目	金额/元	总账科目	明细科目	金额/元
结转所得税费用	所得税费用			本年利润		
合计						

会计主管：陈健平　　复核：杨东梅　　制表：梁芳

图 JN-70　内部转账单 3

35）2019 年 8 月 31 日，广东幸福家居有限公司结转“本年利润”账户到“利润分配——未分配利润”账户。相关表单见图 JN-71。

内部转账单

2019 年 8 月 31 日　　转字第 504 号

摘要	结转科目			转入科目		
	总账科目	明细科目	金额/元	总账科目	明细科目	金额/元
结转“本年利润”账户余额	本年利润			利润分配	未分配利润	
合计						

会计主管：陈健平　　复核：杨东梅　　制表：梁芳

图 JN-71　内部转账单 4

综合训练

综合训练一

一、单项选择题（本题共 30 题，每小题 2 分，共 60 分）

1．会计核算和监督所运用的主要计量尺度是（　　）。

A．实物量度　　B．货币量度　　C．劳动量度　　D．时间量度

2．下列各项中，（　　）是会计平衡公式。

A．资产＝负债　　B．资产＝负债＋所有者权益

C．资产＝流动负债　　D．资产＝所有者权益

3．确定本期收入和费用的原则是（　　）。

A．权责发生制原则　　B．历史成本计价原则

C．配比原则　　D．划分资本性支出和收益性支出原则

4．负债类账户的期末余额一般（　　）。

A．在贷方　　B．在借方

C．在借方或在贷方　　D．期末结转后无余额

5．会计科目是（　　）。

A．会计要素　　B．账户

C．借贷记账法的具体内容　　D．账户的名称

6．对账户不要求固定分类是借贷记账法的（　　）。

A．记账方法　　B．记账特点　　C．记账规律　　D．记账形式

7．“应付账款”账户期初贷方余额为 16 000 元，本期借方发生额为 16 000 元，本期贷方发生额为 16 000 元，则该账户的期末余额为（　　）元。

A．借方 32 000　　B．贷方 16 000　　C．借方 16 000　　D．贷方 32 000

8．月末，结转后一般无余额的账户是（　　）。

A．收入成果类账户　　B．成本类账户

C．所有者权益类账户　　D．负债类账户和资产类账户

9．下列各项中，可计入材料采购成本的是（　　）。

A．采购人员工资　　B．采购人员福利费

C．应缴纳的增值税（进项税额）　　D．材料采购运输费

10．产品生产成本是指（　　）。

A．产品制造成本　　B．产品制造成本及材料采购成本

C．产品制造成本及产品销售成本　　D．产品计划成本

11．月末，结转制造费用，借方科目是（　　）。

A．“生产成本”科目　　B．“管理费用”科目

C．“本年利润”科目　　D．“劳务成本”科目

12. 企业在进行利润分配时，要用到的是（　　）账户。

A.“实收资本”　B.“资本公积”　C.“盈余公积”　D.“所得税费用”

13. 厂部使用固定资产提取折旧时，应借记（　　）科目。

A.“财务费用”　B.“累计折旧”　C.“管理费用”　D.“制造费用”

14.“生产成本”账户贷方登记（　　）。

A. 退还已领未用的生产材料　B. 生产消耗成本

C. 结转完工产品成本　D. 结转已售产品成本

15. 企业的出纳人员付出货币资金的依据是（　　）。

A. 原始凭证　B. 收款凭证　C. 付款凭证　D. 转账凭证

16. 采购员报销差旅费 3 200 元，原借支 5 000 元，余额 1 800 元交回现金，应填制的记账凭证是（　　）。

A. 收款凭证一张　B. 收款凭证两张

C. 收款凭证和转账凭证各一张　D. 付款凭证和转账凭证各一张

17. 账簿按（　　）的不同，可以分为订本账、活页账和卡片账。

A. 用途　B. 外表形式　C. 性质　D. 填制方法

18. 在记账后，结账前，如发现记账所依据的记账凭证中少记应借、应贷的金额，可以采用（　　）更正错误。

A. 划线更正法　B. 红字更正法　C. 补充登记法　D. 挖补方法

19. 在记账过程中，（　　）只有在结账、划线改错和冲账时才能使用。

A. 红色墨水笔　B. 蓝色墨水笔　C. 圆珠笔　D. 铅笔

20. 各种不同的会计核算形式，根本的区别是（　　）。

A. 编制汇总原始凭证的依据不同　B. 编制记账凭证的依据不同

C. 登记总分类账的依据不同　D. 编制财务报表的依据不同

21. 科目汇总表核算程序的主要缺点是（　　）。

A. 登记总分类账的工作量较大　B. 不能反映账户的对应关系

C. 编制科目汇总表的工作量大　D. 不能进行试算平衡

22. 在汇总记账凭证核算程序下，总分类账账页格式一般采用（　　）。

A. 三栏式　B. 多栏式　C. 数量金额式　D. 两栏式

23. 技术推算法用于（　　）的清查。

A. 实物　B. 书面证明、现金

C. 银行存款　D. 往来款项

24.（　　）是记录盘点结果的书面证明，也是反映财产物资实存数的原始凭证。

A. 盘存单　B. 实存账存对比表

C. 盘盈盘亏报告表　D. 以上都是

25. 对现金进行盘点时，（　　）必须在场。

A. 会计人员　B. 出纳人员

C. 单位负责人　D. 上级主管单位财务负责人

26．原材料盘盈经查明是自然升溢，经批准后应贷记（　　）科目。

A．“管理费用”　　B．“其他应收款”

C．“营业外收入”　　D．“其他业务收入”

27．下列资产负债表项目中，根据总分类账期末余额直接填列的是（　　）项目。

A．“应收账款”　B．“应收票据”　C．“应付账款”　D．“长期股权投资”

28．下列报表中，反映企业财务状况的是（　　）。

A．资产负债表　B．利润表　C．现金流量表　D．利润分配表

29．利润表中的“净利润”是指企业的利润总额扣除（　　）后的净额。

A．营业利润　B．应付股利　C．所得税费用　D．盈余公积

30．下列各项中，属于资本性支出（形成固定资产的支出）的是（　　）。

A．购进原材料　　B．购进办公用品

C．购进机器设备　　D．支付生产费用

二、多项选择题（本题共 10 题，每小题 1 分，共 10 分）

1．下列项目中，属于会计核算方法的有（　　）。

A．复式记账　B．财产清查　C．编制财务报表　D．会计分析

2．可比性原则是指（　　）应一致。

A．会计处理方法　B．全部企业　C．全部经济单位　D．会计指标计算口径

3．总分类账和明细分类账（　　）。

A．核算内容相同　　B．反映资金增减变化的详细程度相同

C．登记的原始依据相同　　D．登记的日期相同

4．编制财务报表的一般要求是（　　）。

A．数字真实　B．计算准确　C．内容完整　D．报送及时

5．下列项目应在“制造费用”账户中归集的是（　　）。

A．生产车间固定资产的折旧费　　B．车间生产工人的工资

C．车间为产品生产领用的材料　　D．生产车间管理人员的工资

6．下列属于企业营业外支出项目的是（　　）。

A．固定资产盘亏　　B．非常损失

C．确定无法收回的应收账款　　D．公益性捐款

7．下列各项中，属于原始凭证的有（　　）。

A．发货票　B．领料单　C．工资结算表　D．销货合同

8．定期对账的内容主要包括（　　）。

A．账证核对　B．账账核对　C．账实核对　D．账表核对

9．各种会计核算形式的相同之处包括（　　）。

A．根据原始凭证或原始凭证汇总表填制记账凭证

B．根据收款凭证、付款凭证登记日记账

C．根据记账凭证登记总分类账

D．月末，总分类账的余额与日记账的余额和各种明细分类账的余额相核对

10．开展财产清查工作前，各部门特别是财会部门应做好（　　）等准备工作。

A．将所有的经济业务登记入账　　B．核对总分类账、明细分类账

C．整理各种物资　　D．准备计量器具及登记表

三、判断题（本题共 10 题，每小题 1 分，共 10 分）

1．资产负债表属于动态报表，利润表属于静态报表。（　　）

2．对于银行已入账而本单位尚未入账的款项，应在发现后及时入账。（　　）

3．记账凭证核算程序是其他核算程序的基础。（　　）

4．横线登记式明细分类账在账页的同一行内，记录某一项经济业务从发生到结束的所有事项。（　　）

5．将现金存入银行应同时编制银行存款收款凭证和现金付款凭证。（　　）

6．某企业 2019 年 10 月 31 日“本年利润”账户期末贷方余额为 563 800 元，“利润分配”账户期末借方余额为 320 000 元，则月末资产负债表“未分配利润”账户期末余额为 243 800 元。（　　）

7．每个会计科目都应当明确反映一定的经济业务内容。（　　）

8．经济业务的发生，会引起资产、负债和所有者权益这三个会计基本要素在数量上发生增减变化，但不会破坏会计等式的数量关系。（　　）

9．会计核算的前提条件有会计主体、持续经营、会计分期、核算监督。（　　）

10．期间费用不计入产品成本，可以直接计入产品成本的费用是间接费用。（　　）

四、技能训练题（本题共 2 题，每小题 10 分，共 20 分）

1．填制会计凭证

（1）业务资料

2019 年 8 月 8 日，广东芬尼服饰有限公司（开户行及账号：中山市中国工商银行沙溪支行 61682674052）收到广东祥美服饰有限公司开具的转账支票（图 ZH-1），系支付前欠货款。

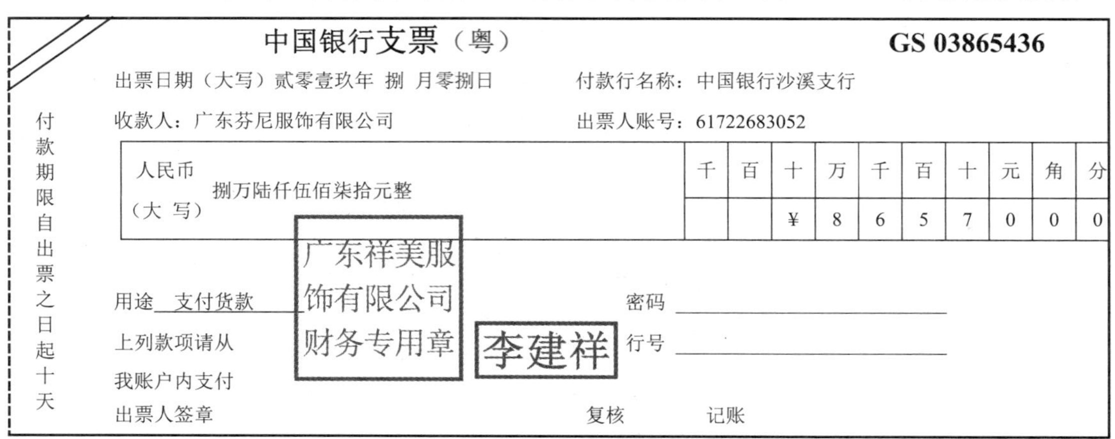

中国银行支票（粤）　　GS 03865436

付款期限自出票之日起十天

出票日期（大写）贰零壹玖年 捌 月零捌日　　付款行名称：中国银行沙溪支行

收款人：广东芬尼服饰有限公司　　出票人账号：61722683052

人民币（大写）	千	百	十	万	千	百	十	元	角	分
捌万陆仟伍佰柒拾元整			¥	8	6	5	7	0	0	0

用途 支付货款　　密码

上列款项请从我账户内支付　　行号

出票人签章　　广东祥美服饰有限公司财务专用章　　李建祥

复核　　记账

图 ZH-1　转账支票

附加信息：	被背书人：	被背书人：
	背书人签章 年 月 日	背书人签章 年 月 日

图 ZH-1（续）

（2）训练要求

依据业务资料，进行转账支票的背书，并填制银行进账单（图 ZH-2）和记账凭证（图 ZH-3）。广东芬尼服饰有限公司预留在开户银行的签章为：广东芬尼服饰有限公司财务专用章、法人印章韩尼芬。

中国工商银行进账单（回 单） **1**

年 月 日

出票人	全 称		收款人	全 称											
	账 号			账 号											
	开户银行			开户银行											
金额	人民币（大写）				亿	千	百	十	万	千	百	十	元	角	分
票据种类		票据张数													
票据号码															
复核	记账			开户银行盖章											

此联是开户银行交给持（出）票人的回单

图 ZH-2 中国工商银行进账单（回单）

2. 编制利润表

（1）业务资料

2019 年 10 月，广东温馨家居有限公司有关损益类账户发生额见表 ZH-1，该公司适用企业所得税税率为 25%。

记 账 凭 证

年 月 日　　　　字第 号

摘　要	总账科目	明细科目	借方金额										贷方金额										账页或√
			千	百	十	万	千	百	十	元	角	分	千	百	十	万	千	百	十	元	角	分	
附属单证	张	合　计																					

会计主管：　　记账：　　审核：　　制单：

图 ZH-3　记账凭证

表 ZH-1　损益类账户发生额表（结转到本年利润前）

2019 年 10 月　　单位：元

收入类账户	借方发生额	贷方发生额	费用类账户	借方发生额	贷方发生额
主营业务收入		721 400.00	主营业务成本	485 100.00	
其他业务收入		28 500.00	其他业务成本	16 250.00	
投资收益		12 000.00	税金及附加	5 990.00	
营业外收入		20 000.00	销售费用	20 000.00	
			管理费用	33 340.00	
			财务费用	2 800.00	
			营业外支出	30 000.00	
合计		781 900.00	合计	593 480.00	

（2）训练要求

依据业务资料，编制广东温馨家居有限公司 2019 年 10 月利润表（表 ZH-2）。

表 ZH-2　利润表

会企 02 表

编制单位：　　年　月　　单位：元

项目	本期金额	上期金额
一、营业收入		
减：营业成本		
税金及附加		
销售费用		
管理费用		
研发费用		
财务费用		
其中：利息费用		

续表

项目	本期金额	上期金额
利息收入		
资产减值损失		
信用减值损失		
加：其他收益		
投资收益（损失以“－”号填列）		
公允价值变动收益（损失以“－”号填列）		
资产处置收益（损失以“－”号填列）		
二、营业利润（亏损以“－”号填列）		
加：营业外收入		
减：营业外支出		
三、利润总额（亏损总额以“－”号填列）		
减：所得税费用		
四、净利润（净亏损以“－”号填列）		
（一）持续经营净利润（净亏损以“－”号填列）		
（二）终止经营净利润（净亏损以“－”号填列）		
五、其他综合收益的税后净额		
（一）不能重分类进损益的其他综合收益		
（二）将重分类进损益的其他综合收益		
六、综合收益总额		
七、每股收益		
（一）基本每股收益		
（二）稀释每股收益		

企业盖章：　　　　单位负责人：　　　　财务负责人：　　　　制表：

综合训练二

一、单项选择题（本题共30题，每小题2分，共60分）

1．会计的基本职能是（　　）。

A．预测和决策　　B．核算和监督

C．管理生产和经营活动　　D．分析和考核

2．每一项经济业务的发生，都会影响（　　）会计项目发生增减变化。

A．一个　　B．两个　　C．两个或两个以上　　D．一个或一个以上

3．确定本期收入和费用的原则是（　　）。

A．权责发生制原则　　B．历史成本计价原则

C．配比性原则　　D．划分收益性支出和资本性支出原则

4．以银行存款向国家缴纳税费，所引起的变动为（　　）。

A．一项资产减少，一项所有者权益减少

B．一项资产增加，一项资产减少

C．一项所有者权益增加，一项负债减少

D．一项资产减少，一项负债减少

5．“应收账款”账户期初借方余额为18 000元，本期借方发生额为18 000元，本期贷方发生额为18 000元，期末余额为（　　）。

A．借方36 000元　　B．借方18 000元

C．贷方18 000元　　D．贷方36 000元

6．在借贷记账法下，每个账户的期初余额均（　　）。

A．在借方　　B．在贷方

C．只能在账户的一方　　D．与第一笔业务方向相同

7．企业在经营过程中，存货成本是按（　　）计算的。

A．市场价格　　B．实际成本价格

C．销售价格　　D．最低价格

8．“累计折旧”账户是（　　）类账户。

A．收入　　B．费用　　C．资产　　D．负债

9．下列账户中，期末结转到“本年利润”账户借方的是（　　）账户。

A．“营业外收入”　B．“利润分配”　C．“制造费用”　D．“管理费用”

10．下列各项中，构成产品生产成本的费用是（　　）。

A．管理费用　　B．财务费用　　C．销售费用　　D．制造费用

11．在实际工作中，中小型企业或其他一些单位，为了简化核算，可以采用一种统一格式的（　　）。

A．收款凭证　　B．付款凭证　　C．通用记账凭证　D．转账凭证

12．下列单据中，不能作为原始凭证的是（　　）。

A．产品成本计算表　　B．领料单

C．银行存款余额调节表　　D．工资结算汇总表

13．下列各项中，作为资产负债表中资产项目的排列顺序标准的是（　　）。

A．资产的重要性　　B．资产的流动性

C．资产的时间性　　D．资产的收益性

14．“制造费用”“管理费用”明细分类账一般采用的账簿格式是（　　）。

A．多栏式　　B．三栏式　　C．数量金额式　　D．横线登记式

15．银行存款日记账与银行对账单核对属于（　　）。

A．账账核对　　B．账证核对　　C．账实核对　　D．账表核对

16．科目汇总表的主要缺点是不能反映（　　）。

A．借方发生额　　B．贷方发生额

C．借方和贷方发生额　　D．科目对应关系

17．不能定期登记总分类账的会计核算程序是（　　）。

A．记账凭证核算程序　　B．科目汇总表核算程序

C．汇总记账凭证核算程序　　D．以上 3 种

18．记入总分类账的金额是 50 000 元，记入所属明细分类账的金额不可能是（　　）元。

A．50 000　　B．20 000 和 20 000

C．20 000 和 30 000　　D．10 000 和 40 000

19．借贷记账法试算平衡的方法是（　　）。

A．总分类账及所属明细分类账的余额平衡

B．差额平衡

C．所有资产类和负债类的余额平衡

D．发生额平衡、余额平衡

20．发生（　　）的情况，企业发生亏损。

A．收入大于成本　　B．收入小于费用

C．收入等于费用　　D．费用小于收入

21．企业向银行借款购买固定资产，表现为（　　）。

A．一项资产增加，另一项资产减少

B．一项资产增加，另一项负债增加

C．一项资产减少，另一项负债增加

D．一项资产减少，另一项负债减少

22．某企业年初资产总额为 126 000 元，负债总额为 48 000 元。本年度取得收入共计 89 000 元，发生费用共计 93 000 元，期末负债总额为 50 000 元，则该企业年末资产总额为（　　）元。

A．124 000　　B．122 000　　C．128 000　　D．131 000

23．记账凭证核算程序不适用于（　　）。

A. 小型企业　　B. 大型批零兼营商业企业
C. 机关　　D. 事业单位

24. 需要结计本年累计发生额的账户，结计“过次页”的合计数为（　　）。
A. 自年初起至本日止累计数　　B. 自年初起至本页末止累计数
C. 自月初起至本页末止累计数　　D. 自本页初起至本年末止累计数

25. 在一定时期内连续记录若干项同类经济业务的会计凭证是（　　）。
A. 原始凭证　　B. 原始凭证汇总表
C. 累计凭证　　D. 一次凭证

26. 下列支出中，属于资本性支出（形成固定资产的支出）的是（　　）。
A. 支付生产工人工资　　B. 购买固定资产
C. 为抗震救灾捐款 500 万元　　D. 支付设备一般修理费

27. 在借贷记账法下，余额试算平衡的理论依据是（　　）。
A. 借贷记账法的记账规则　　B. 账户的对应关系
C. 账户的结构　　D. 资产与权益的恒等关系

28. 下列不能作为记账依据的是（　　）。
A. 发料单　　B. 住宿费发票
C. 实存账存对比表　　D. 购料合同

29. 下列做法中，符合《会计基础工作规范》规定的是（　　）。
A. 原始凭证不得涂改、挖补
B. 外来原始凭证金额错误，可在原始凭证上更正但需签名或盖章
C. 凡是账簿记录金额错误，都可以采用划线更正法予以更正
D. 自制原始凭证无须经办人签名或盖章

30. 对发生自然灾害或贪污盗窃受损的财产物资进行财产清查，通常采用（　　）。
A. 定期清查　　B. 不定期清查　　C. 集中清查　　D. 分散清查

二、多项选择题（本题共 10 题，每小题 1 分，共 10 分）

1. 下列项目中，属于会计核算方法的有（　　）。
A. 设置账户　　B. 成本计算
C. 编制财务报表　　D. 会计分析

2. 下列项目中，应计入产品生产成本的是（　　）。
A. 直接材料　　B. 管理费用　　C. 财务费用　　D. 直接人工

3. 企业取得的下列业务收入中，属于其他业务收入的有（　　）。
A. 技术转让　　B. 材料销售　　C. 提供劳务　　D. 固定资产出租

4. 下列各项中，属于原始凭证的是（　　）。
A. 发票　　B. 领料单　　C. 工资结算表　　D. 销货合同

5. 下列关于借贷记账法的表述，正确的有（　　）。
A. 采用“借”“贷”作为记账符号

B．以“资产＝负债＋所有者权益”作为理论依据

C．记账规则是“有借必有贷，借贷必相等”

D．借贷记账法是我国企业会计核算的法定记账方法

6．下列符合借贷记账法记账规则的有（　　）。

A．银行存款增加，实收资本减少　　B．应付票据增加，应付账款减少

C．资本公积增加，应付账款减少　　D．应交税费增加，原材料减少

7．记账凭证具有的基本内容包括（　　）。

A．填制凭证的日期和凭证的编号

B．会计科目的名称、记账方向和金额

C．所附原始凭证的张数

D．制证、复核、会计主管、出纳、记账等有关人员的签章

8．下列应进行全面财产清查的情况包括（　　）。

A．更换出纳人员或仓库保管员时

B．年终结账前、更换单位主要负责人时

C．改变隶属关系、进行股份制改制时

D．开展资产评估、清产核资时

9．下列表述中，不正确的有（　　）。

A．明细分类账根据明细分类科目设置

B．总分类账的余额不一定等于其所属明细分类账的余额的合计数

C．所有资产类总分类账的余额合计数应等于所有负债类总分类账的余额合计数

D．库存现金日记账实质上就是库存现金的总分类账

10．下列可以简化登记总分类账工作量的会计核算程序的有（　　）。

A．记账凭证核算程序　　B．日记总账核算程序

C．科目汇总表核算程序　　D．汇总记账凭证核算程序

三、判断题（本题共 10 题，每小题 1 分，共 10 分）

1．会计是以货币为唯一计量单位，采用专门的方法，对各单位的经济活动进行核算和监督的一种管理活动。（　　）

2．采用借贷记账法时，借方登记增加数还是减少数要根据发生的经济业务来确定。（　　）

3．在借贷记账法下，可设置双重性质账户。（　　）

4．企业会计人员收到手续不完备、数字计算不正确的原始凭证，应及时在原始凭证上予以纠正。（　　）

5．对账包括日常核对和定期核对两个方面。日常核对可随时进行，定期核对一般在月末、季末、年末结账之后进行。（　　）

6．会计核算程序不同，现金日记账、银行存款日记账登记的依据不同。（　　）

7．盘盈盘亏报告表是调整账簿记录的原始凭证。（　　）

8．会计人员对不真实、不合法的原始凭证予以退回补充，更正后再报销入账。（　　）

9．填制会计凭证时，所有以“元”为单位的阿拉伯数字，除单价一律应填写到角、分，有角无分的，分位应当写“0”或用符号“—”代替。（　　）

10．“税金及附加”账户属于损益类账户，用来核算企业销售过程中，应缴纳的各种税金及附加，包括消费税、增值税、教育费附加等。（　　）

四、技能训练题（本题共2题，每小题10分，共20分）

1．填制会计凭证

（1）业务资料

2019年8月15日，广东芬尼服饰有限公司向广东新奇布业有限公司购买棉布1 000米，亚麻1 600米，款项已付，材料已验收入库。增值税专用发票见图ZH-4。

广东增值税专用发票

4401281287　　　　　　　　　　　　　　　　№432363041

（印章：全国统一发票监制章 发票联 国家税务总局 广东省税务局）

开票日期：2019年08月15日

购买方	名　　称：广东芬尼服饰有限公司 纳税人识别号：440162256268024 地 址、电 话：中山市沙溪建设路289号　0760-76327586 开户行及账号：中国工商银行沙溪支行 61682674052					密码区	（略）	
货物或应税劳务、服务名称		规格型号	单位	数量	单价	金额	税率	税额
*纺织产品*棉布			米	1 000	13.00	13 000.00	13%	1 690.00
*纺织产品*亚麻			米	1 600	15.00	24 000.00	13%	3 120.00
合　　计						¥37 000.00		¥4 810.00
价税合计（大写）		⊗肆万壹仟捌佰壹拾圆整				（小写）¥41 810.00		
销售方	名　　称：广东新奇布业有限公司 纳税人识别号：440101568268026 地 址、电 话：广州市工业大道62号　020-56672584 开户行及账号：中国农业银行工业支行 11606313052					备注	（印章：广东新奇布业有限公司 440101568268026 发票专用章）	

收款人：张佳纯　　　　复核：李丽芬　　　　开票人：尚晓娜　　　　销售方：（章）

第三联：发票联　购买方记账凭证

图ZH-4　增值税专用发票

（2）训练要求

依据业务资料，开具转账支票（图ZH-5），支付广东新奇布业有限公司材料款，并填制记账凭证（图ZH-6）。

中国工商银行支票存根（粤）	中国工商银行支票（粤） GS 02034041
GS 02034041	出票日期（大写） 年 月 日 付款行名称：
附加信息	付款期限自出票之日起十天 收款人： 出票人账号：
出票日期 年 月 日	人民币（大写） 千 百 十 万 千 百 十 元 角 分
收款人：	用途 密码
金 额：	上列款项请从我账户内支付 行号
用 途：	出票人签章 广东芬尼服饰有限公司财务专用章 韩尼芬
单位主管 会计	复核 记账

被背书人	被背书人	附加信息：
背书人签章 年 月 日	背书人签章 年 月 日	

（粘贴单处）

根据《中华人民共和国票据法》等法律法规的规定，签发空头支票由中国人民银行处以票面金额5%但不低于 1 000 元的罚款。

图 ZH-5 转账支票

记 账 凭 证

年 月 日 字第 号

摘 要	总账科目	明细科目	借方金额										贷方金额										账页或√
			千	百	十	万	千	百	十	元	角	分	千	百	十	万	千	百	十	元	角	分	
附属单证	张	合 计																					

会计主管： 记账： 审核： 制单：

图 ZH-6 记账凭证

2. 编制资产负债表

（1）业务资料

2019 年 10 月 31 日，广东温馨家居有限公司总分类账期末余额见表 ZH-3，有关明细分类账期末余额见表 ZH-4。

表 ZH-3　总分类账期末余额表

2019 年 10 月 31 日　　单位：元

账户名称	借方余额	账户名称	贷方余额
库存现金	24 000.00	短期借款	181 600.00
银行存款	722 028.00	应付账款	407 600.00
其他货币资金	114 600.00	应付票据	180 000.00
交易性金融资产	63 000.00	预收账款	10 000.00
应收票据	132 000.00	应付股利	64 432.00
应收账款	490 000.00	应付职工薪酬	30 000.00
预付账款	10 000.00	应交税费	53 462.00
其他应收款	14 562.00	其他应付款	19 000.00
在途物资	47 623.00	坏账准备	2 500.00
原材料	286 000.00	累计折旧	347 500.00
周转材料	28 600.00	累计摊销	80 000.00
库存商品	472 000.00	长期借款	2 310 000.00
长期股权投资	70 000.00	实收资本	1 500 000.00
固定资产	4 262 000.00	资本公积	1 280 000.00
在建工程	556 000.00	盈余公积	750 292.00
工程物资	160 000.00	利润分配	436 027.00
无形资产	200 000.00		
合计	7 652 413.00	合计	7 652 413.00

表 ZH-4　有关明细分类账期末余额表

2019 年 10 月 31 日　　单位：元

账户名称	借或贷	余额	账户名称	借或贷	余额
应收账款	借	490 000.00	应付账款	贷	407 600.00
——新华公司	贷	20 000.00	——西丽公司	贷	210 000.00
——河滨公司	借	300 000.00	——东环公司	借	30 000.00
——怡景公司	借	210 000.00	——梅江公司	贷	227 600.00
预收账款	贷	10 000.00	预付账款	借	10 000.00
——明光公司	贷	10 000.00	——芳村公司	借	10 000.00

（2）训练要求

依据业务资料，编制广东温馨家居有限公司 2019 年 10 月 31 日资产负债表（ZH-5）。

表 ZH-5　资产负债表

会企 01 表

编制单位：　　　　　　　　　　　　年　月　日　　　　　　　　　　　　单位：元

资产	期末余额	上年年末余额	负债和所有者权益（或股东权益）	期末余额	上年年末余额
流动资产：			流动负债：		
货币资金			短期借款		
以公允价值计量且其变动计入当期损益的金融资产			以公允价值计量且其变动计入当期损益的金融负债		
应收票据			应付票据		
应收账款			应付账款		
预付款项			预收款项		
其他应收款			应付职工薪酬		
存货			应交税费		
一年内到期非流动资产			其他应付款		
其他流动资产			一年内到期非流动负债		
			其他流动负债		
流动资产合计			流动负债合计		
非流动资产：			非流动负债：		
以摊余成本计量的金融资产			长期借款		
以公允价值计量且其变动计入其他综合收益的金融资产			应付债券		
长期应收款			长期应付款		
长期股权投资			预计负债		
投资性房地产			递延收益		
固定资产			递延所得税负债		
在建工程			其他非流动负债		
生产性生物资产			非流动负债合计		
无形资产			负债合计		
开发支出			所有者权益（或股东权益）：		
商誉			实收资本（或股本）		
长期待摊费用			资本公积		
递延所得税资产			其他综合收益		
其他非流动资产			盈余公积		
			未分配利润		
非流动资产合计			所有者权益（或股东权益）合计		
资产总计			负债和所有者权益（或股东权益）总计		

企业盖章：　　　　　　单位负责人：　　　　　　财务负责人：　　　　　　制表：

主要参考文献

财政部会计资格评价中心，2018．初级会计实务[M]．北京：经济科学出版社．

财政部会计资格评价中心，2019．中级会计实务[M]．北京：经济科学出版社．

陈国辉，迟旭升，2012．基础会计[M]．3版．大连：东北财经大学出版社．

广东省中等职业学校教材编写委员会，2009．基础会计（修订本）[M]．广州：广东高等教育出版社．

广州市中等职业教育地方教材建设委员会，2008．会计基础[M]．广州：广东科技出版社．

黄洁洵，2019．经济法基础[M]．北京：北京科学技术出版社．

刘忠，2019．初级会计实务[M]．北京：北京科学技术出版社．

卢景，2016．基础会计综合练习册[M]．广州：广东高等教育出版社．

罗绍明，罗明丽，2018．新编企业财务会计实训[M]．上海：立信会计出版社．